Christof Wiechert

«Du sollst sein Rätsel lösen ...»

Gedanken zur Kunst der Kinder- und Schülerbesprechung

AF721969

Christof Wiechert

«Du sollst sein Rätsel lösen ...»

Gedanken zur Kunst der Kinder- und Schülerbesprechung

Verlag am Goetheanum

www.vamg.ch

Umschlaggestaltung von Wolfram Schildt, Berlin, unter Verwendung einer Zeichnung von Hans Dieter Appenrodt

2. Auflage 2017

© Copyright 2017 by Verlag am Goetheanum, CH–4143 Dornach
Alle Rechte vorbehalten
Satz: Höpcke, Hamburg
Druck und Bindung: Druckhaus Nomos, Sinzheim

ISBN 978-3-7235-1440-5

Inhaltsverzeichnis

Einleitung zur zweiten Auflage

Die kasachische Komponistin Sofia Gubaidulina versuchte in einem Interview den Schöpfungsprozess, der zu ihren Kompositionen führt, zu erläutern und sagt: «Mir scheint, der liebe Gott hat die Welt als erstes großes Opfer geschaffen. Er hat die Vollkommenheit geopfert, indem er die Zeit erschuf. Jedoch können Zeit und Raum niemals als etwas Vollkommenes existieren. Nur außerhalb der Zeit gibt es wirkliche Vollkommenheit, die jeder Künstler, aller Unmöglichkeit zum Trotz, dennoch erreichen möchte.»

Das Rätsel, das jeder Mensch für sich und die Welt darstellt, ist dem ähnlich: In Raum und Zeit hineingeboren, müssen wir den Lebensauftrag, den wir aus der Welt ohne Raum und Zeit, also aus der Welt der Vollkommenheit, mitgebracht haben, hier auf der Erde verwirklichen, damit Selbstbestimmung und Freiheit möglich werden in dieser Welt der Unvollkommenheit.

Und weiter sagt sie: «Echte Kunst kommt nicht ohne Begrenzung aus. Intuition und Intellekt – dazwischen entsteht ein Kampf auf Leben und Tod. Gerade diese Reibung schafft ein gutes Resultat.»*

In der Kunst der Kinderbetrachtung kann man ähnliche Erfahrungen machen. Es muss eine gesteigerte Aufmerksamkeit für alles, was in Raum und Zeit offen-

---

* «Eine Kraft, die aus der Stille kommt», Elisabeth Richter im Gespräch mit Sofia Gubaidulina. Feuilleton der Zürcher Zeitung, 28. Januar 2017.

bar wird, gegen eine rationale Auslegung und Zuordnung ankämpfen.* Die aber muss zurückgedrängt werden. Denn in der Art, wie Kinder sich offenbaren, kann das, was außerhalb von Raum und Zeit ist, erahnt, vorgefühlt werden. Diese Ahnung schafft die Grundlage für ein erstes Verständnis und schlussendlich für die notwendige Hilfe.

Viele Kollegen, die diesen Weg der Kinderbetrachtung praktizieren, berichten von diesen Schwierigkeiten. Denn es gibt eine große Vielfalt an Wahrnehmungen, wie aber kommen wir dazu, sie auch zu «lesen»? Wann fangen sie an, zu uns zu «sprechen», sodass wir sie zu «verstehen» beginnen? Wie vollzieht man hier den ersten Schritt?

Einen Gewinn kann es bringen, wenn man sich angewöhnt, nicht urteilend, vor- oder verurteilend, über Kinder im Allgemeinen zu denken und zu sprechen, sondern sie mit einer Haltung der Empathie, der Verbundenheit wahrzunehmen.

Sich mit seinen Schülern verbunden zu fühlen und dieses Gefühl auch zu praktizieren, indem man anders über die Kinder zu denken und zu sprechen beginnt, baut an der Brücke zwischen Intellekt und Intuition. Diese Verbundenheit, das Verbunden-Sein ist die Grundlage alles pädagogischen Handelns, also auch der Kinderbetrachtung.

Man kann sich einmal die Frage stellen, was pas-

---

* Köhler, Henning: *War Michel aus Lönneberga aufmerksamkeitsgestört?* Verlag Freies Geistesleben, Stuttgart 2002.

sierte, wenn es kein Kollegium mehr gäbe, das sich trifft, um gemeinsam pädagogisch-inhaltlich zu arbeiten.

Das Medium der Kinderbetrachtung ist durch seine ganze Art definiert als ein Geschehen innerhalb einer Gemeinschaft. Dort, wo eine Kinderbetrachtung beginnt, befindet man sich tatsächlich immer in einer Forschungsgemeinschaft, wo die Intentionalität vieler zusammenklingt und um gegenseitiges Verständnis gerungen wird. Nichts steht von vornherein fest. Ein großes Feld von Möglichkeiten eröffnet sich durch die gemeinsame Betrachtung. Und man hofft immer, auch das Richtige zu finden, das dem Kind oder dem Schüler weiterhelfen wird. Das ist tatsächlich Forschung auf geistigem Feld.

Sollte ein Lehrerkollegium die Möglichkeit der Kinderbesprechung nicht mehr bieten, dann müsste man immerhin eine kleinere Lehrergruppe als Ersatz finden, die bereit wäre, diesen Vorgang auch weiterhin durchzuführen. Es werden immer einige Kollegen dazu bereit sein, weil sie spüren, dass es hier um ein Wesentliches im Pädagogischen geht.*

Oftmals berichten Kollegen, dass es anschließend als sehr schwierig empfunden wird, dann auch die richtige Hilfe zu finden. Das ist ganz verständlich, wenn man sich durch das Unterrichten eine gewisse Enge oder Strenge anerzogen hat. Die muss man aber ablegen und sich fragen: Wie würde ich dem Kind, dem Schü-

* Köhler, Henning: *Der werterkennende Blick und der schützende Kreis. Übungswege für Pädagogen.* Hörbuch-Verlag Auditorium Netzwerk, Mühlheim-Baden 2004.

ler tatsächlich helfen, was könnte wirken? Hier findet jedoch die Phantasie ihre Begrenzung, denn was man sich in dieser Richtung ausdenkt, muss dann auch im Unterricht realisierbar sein, gegebenenfalls – wenn nötig – sogar täglich. Die Durchführbarkeit ist die Begrenzung. Hilfe von außen ist nur berechtigt, wenn feststeht, dass das Problem das pädagogische Tun weit übersteigt. Hier stellt sich dann grundsätzlich die Frage nach einem Schularzt.

Alle Phantasietätigkeit kommt dem nahe, was Rudolf Steiner moralische Phantasie und moralische Technik nennt (Technik steht hier für Durchführbarkeit). Das Moralische in der Phantasie liegt genau dort, wo man sich innerlich so für das Helfen engagiert, dass der Wunsch so groß wird, die Hilfe auch wirklich durchzuführen.*

Ganz zum Schluss möchte ich alle Kollegen dazu ermuntern, das alles immer wieder zu versuchen, denn nur durch das Tun erwirbt man sich die Fähigkeit eines immer besseren Gestaltens, sodass das Ergebnis schlussendlich sogar hilfreich und belebend für den gesamten Kollegenkreis wird.

Denn jede gelungene Kinderbetrachtung ist (im Geheimen) immer auch ein *Fest der Menschenerkenntnis.*

Im Januar 2017 *Christof Wiechert*

---

* Vom pädagogischen Gesichtspunkt ist das 12. Kapitel, «Die moralische Phantasietätigkeit», des Buches von Rudolf Steiner *Die Philosophie der Freiheit* (GA 9), sehr lesenswert. Dornach [16]1995.

Zum Geleit

Mitten in unserem Zeitgeschehen voller Dramatik, Gegensätze und Verwandlungen haben Erziehung und Bildung als Herausforderung für die Zukunft höchsten Stellenwert. 93 Jahre nach der Gründung der 1. Freien Waldorfschule steht die Frage nach ihrem Kern und Wesen ebenso in der aktuellen öffentlichen Diskussion, wie sie nach innen in der fortlaufenden selbstkritischen Reflexion in Formulierungen wie diesen anklingt: Wie gelingt es der Waldorfpädagogik heute, ihre Methoden nicht als schon geformte, bewährte Traditionen, sondern als originäre, neue Schritte aus dem Unterrichtsgeschehen heraus zu bilden und weiter zu entwickeln? Diese Frage ermuntert zu einem historischen Bogenschlag.

Im September 1919: Mit dem Blick auf die Not der Zeit formuliert Rudolf Steiner im Gründungsgeschehen das Ziel, aus den Errungenschaften der Anthroposophie nicht die Lerninhalte, aber das Instrumentarium für die Handhabung einer neuen, zukünftig wirkenden Unterrichtspraxis zu bilden. Als vornehmliche Aufgabe lernen die ersten Kolleginnen und Kollegen, den Unterricht in der Bearbeitung der Inhalte so künstlerisch zu gestalten, dass die Kräfte, die in jedem einzelnen Kind veranlagt sind, erkannt und gefördert werden können. –

Im Mai 2012: Eben noch sang und klatschte eine 4. Klasse mit Geschick und sichtlicher Freude die rhythmischen Variationen eines Kanons. Kaum aber stellen sich nun fünf Kinder vorne in der Klasse auf, verwandelt sich die Atmosphäre: Ein Mädchen, das gerade noch übermütig lachend mittat, spricht ihren persönlichen Morgenspruch, den sie von ihrem Lehrer mit dem letzten Zeugnis erhielt, mit solchem Ernst, mit solcher Anmut, dass sie für einen Augenblick älter und reifer erscheint, als sie ist. Wie ein Vorauswurf ins Leben klingen ihre Worte durch den Raum: *«Umglänzt vom strahlenden Blau schwingt sich der Adler empor ...»*

Um wirksam zu werden, benötigen solche ganz im Inneren des Kindes entspringenden Entwicklungskräfte eine Haltung der Erzieher, die von Aufmerksamkeit, Achtung und gleichzeitiger Initiative geprägt ist. In der konkreten Unterrichtsbegegnung von Lehrer und Schüler wird Waldorfpädagogik zur lebendig wirkenden Gegenwartskunst: Wie im Herzschlag des Menschen Innerlichkeit und Peripherie unmittelbar zusammenklingen, so strömen im *«pädagogischen Augenblick»* die äußere mit der inneren Entwicklung, das Erleben des Kindes mit dem Bewusstsein des Erziehers und die wachsame Wahrnehmung mit der Initiativkraft zusammen.

Indem Christof Wiechert das vorliegende Buch ganz der Kunst der Kinderbetrachtung widmet, befragt und erarbeitet er im Sinne dieses Zusammenströmens das Herzorgan der Waldorfschule: Es gibt keine innerliche, latente seelische oder geistige Fähigkeit, die hier nicht wesensgemäß zur Geltung kommen kann. Man wird kein konkretes äußerliches Geschehen im Schulalltag finden, das hier in der sachlichen, liebevollen Betrachtung des Kindes nicht wahrgenommen und nach seiner

Bedeutung befragt werden kann. Wie aber bildet und schult sich eine «Erkenntnisgemeinschaft» von Kolleginnen und Kollegen für das Ziel, die Entwicklung des Kindes als gemeinsames Organ feiner wahrzunehmen, besser zu verstehen und zu unterstützen?

Es gehört zu den Qualitäten dieses Buches, dass solche Fragestellungen, die sich aus den reichen konkreten Schilderungen ergeben, wie selbstverständlich aufgegriffen und in vielschichtiger Weise betrachtet werden: Geht eine Fragerichtung der Entstehungsgeschichte der Kinderbetrachtung nach, so beleuchtet eine nächste gegenwärtige Fragestellungen aus den Kollegien. Probleme bei der heutigen Handhabung der Kinderbetrachtung kommen so ehrlich und differenziert zur Sprache, dass sie aus den Gedankenbögen heraus immer auch zu neuen Ansätzen und Übungsmöglichkeiten führen. Aus seiner langjährigen Erfahrung als Klassenlehrer und Leiter der Pädagogischen Sektion der Freien Hochschule für Geisteswissenschaft steuert der Autor in diesem Buch zielbewusst gerade die neuralgischen Punkte der Kinderbetrachtung an: – Welche Voraussetzungen in der Konferenzarbeit sind notwendig? – Welche Qualität des Denkens kann in der Vielheit der Phänomene Wesentliches vom Unwesentlichen unterscheiden? – Auf welchem Boden können sich pädagogische Einfälle entwickeln?

Überall dort, wo äußere Schilderungen in eine geistig-seelische Betrachtung hinüberführen, werden die Zusammenhänge hier mit prägnanten, oft bildhaften Worten erfasst. Gerade durch die Ursprünglichkeit und Originalität der Sprache, die sich an das Miterleben des

Lesers wendet, wird dieser auf vielfältige Weise zur Eigentätigkeit ermuntert.

Diese Qualität der Anregung zur Verwirklichung erfährt in den letzten Kapiteln noch ein Crescendo durch die besonders reiche Ausarbeitung der dritten abschließenden Stufe der Kinderbetrachtung: Wie ist eine Hilfestellung durch die jeweilige Unterrichtstätigkeit möglich? Hier wird der Waldorf-Lehrplan von den Gedanken der anthroposophischen Menschenkunde so originell durchdrungen und in wirkende Polaritäten aufgeschlüsselt, dass schon eine Vorfreude entsteht, die Frage der konkreten Hilfestellung bei der nächsten Betrachtung eines Kindes im Kollegium mit neuem Bewusstsein anzugehen.

Die vorliegende Symphonie von Gesichtspunkten zur Kunst der Kinderbetrachtung erhält eben dadurch die Qualität einer meisterlichen Komposition, dass sie neben der Tiefe und Strenge der Durchführungen und der phantasiereichen, lebensnahen Variationen vor allem zur eigenen Tätigkeit und Weiterführung anregt: Eine wirkliche Entdeckungsfreude entsteht, das Wesen des Kindes aus der Ganzheit seiner Erscheinungen heraus im Gespräch mit den Kolleginnen und Kollegen zu erfragen.

Claus-Peter Röh

Der Zusammenhang des Ganzen

Das Große einsehen und gelten lassen, ist nur eine Einsicht; es feiern, eine Überschwänglichkeit: denn es steht in Verklärung da und lässt sich nicht übertreffen. Es anwenden im Menschlichen ist eine Weisheit und ein äußerster Erfolg; aber aller Aufgaben Aufgabe ist, Geringes in Großes umzuwandeln, Unscheinbares in Scheinendes; ein Stäubchen so zu zeigen, dass man es im Ganzen gehalten sieht; dass man es nicht sehen kann, ohne zugleich alle Sterne zu sehen und der Himmel tiefen Zusammenhang, in den es innig mit hineingehört.

Rainer-Maria Rilke

I. Vorwort: Die Gemeinschaft und der Einzelne

Die Kinder- bzw. Schülerbetrachtungen, wie sie Rudolf Steiner für die pädagogischen Konferenzen der ersten Waldorfschule in Stuttgart angeregt und viele Male durchgeführt hat, sind Gegenstand des vorliegenden Büchleins.

Über viele Jahre haben wir in Holland in der Praxis die Fähigkeit erarbeitet, den werdenden Menschen so wahrzunehmen, dass sein Rätsel offenbar wird und man dadurch dazu beitragen kann, dass der pädagogische Prozess (wieder) in Gang kommt. Dieser neuen/alten Disziplin gaben wir den Namen die ‹Kunst der Kinderbetrachtung›. Die Anregung, diese aufzugreifen, kam aus dem Vorstand der Anthroposophischen Gesellschaft in den Niederlanden.

Es war namentlich der Schatzmeister Hans Lap, der dezidiert die Meinung vertrat, der damalige Vorsitzende der Gesellschaft, Ate Koopmans (* 2. 2. 1931, † 4. 1. 2002), der in Kursen die Karma-Übungen Rudolf Steiners anwendbar gemacht hatte, sollte mit dem Vize-Vorsitzenden dieses Verfahren auch für eine Belebung der Kinderbetrachtung anwenden. So entstand diese Arbeitsweise. Doch was verbirgt sich hinter Bezeichnungen wie «Praktische Menschenkunde» und «Kunst der Kinderbetrachtung»? Rein praktisch gesehen, fand diese Arbeit immer in Gruppen statt. Wir versuchten Steiners Begriff der *Forschungsgemeinschaft* konkret zu leben. Das heißt, alles, was wir versuchten, wurde in der gleichen Gruppe durchgeführt.

Für die «Praktische Menschenkunde» bedeutete das, dass ein Mitglied der Gruppe, die über Jahre zusammenarbeitete, seine Biographie als Forschungsgegenstand zur ‹Verfügung› stellte. Er erzählte zunächst sein Leben, das dann durch die Gruppe nach menschenkundlichen Gesichtspunkten betrachtet und erforscht wurde. Es ging dabei darum, zweierlei zu lernen: 1. den betreffenden Menschen kennenzulernen, und 2. ging es in der Hauptsache um die Verifizierung und Bestätigung der anthroposophischen Menschenkunde, mit deren Hilfe die Biographie durchsichtig gemacht wurde. Unser wesentliches Anliegen bei der Arbeit war, *grundsätzlich* aus einer Gemeinschaft heraus zu arbeiten. Wir empfanden gerade dies als zukünftig.

Die Ausübung dieses Verfahrens erfordert bei den Teilnehmern selbstverständlich bestimmte soziale Fähigkeiten. Wem diese nicht zur Verfügung standen, der lernte schnell dazu, denn die Selbstkorrektur einer Gruppe ist viel stärker als die des einzelnen Menschen.

Man kann überzeugt davon sein, dass gerade dieser Umstand einer der Gründe war, warum Rudolf Steiner diese Übungen nicht für die Freie Hochschule, sondern für die Arbeit in der Gesellschaft vorgesehen hat: Es geht um ein Lernen in Gemeinschaften, darum, gemeinsam zu arbeiten und zu forschen.

Auf die «Kunst der Kinderbetrachtung» angewendet, ist die Frage der Gemeinschaft naheliegend ‹einfach›, denn was ist ein Lehrerkollegium, eine Pädagogische Konferenz anderes als eine Forschungsgemeinschaft? Ich weiß sehr wohl, dass viele Kollegien und Pädagogische Konferenzen sich heute in einer handfesten Identitätskrise befinden. Eine oft bestätigte Erfahrung ist jedoch, dass die Arbeitsweise, die hier dargestellt werden wird, schon in kürzester Zeit ihre Wirkung zeigt: dass gerade durch *Erkenntnis heilende Kräfte ausströmen auf die Gemeinschaft.*

Mit dieser Publikation verbindet sich der Wunsch, dass viele Kollegien diese Wirkung erfahren mögen. Eines der großen Geheimnisse der Anthroposophie ist, dass Erkenntnis gesund macht, ja dass sie heilt. Betrachtet man das Lehrerkollegium als das Herz der Schule, so haben wir in der Kunst der Kinderbetrachtung ein wirksames Mittel zur Stärkung des Herzorgans der Schule.

Was aber bedeutet das für den Einzelnen und wie steht die Kunst der Kinderbetrachtung im Kreis des Kollegiums? Was ‹braucht› man zur Kinderbetrachtung? Verkürzt gesprochen, ist die Kinderbetrachtung tatsächlich *nichts weiter als eine Begegnung.* Eine Begegnung zwischen Menschen. Was aber macht die Begegnung tatsächlich aus? Wie findet sie statt? Sieht man von der oberflächlichsten aller Begegnungen zwischen Lehrern und Schülern ab, die aus einem mehr oder weniger bewussten Informationsaustausch besteht wie: ‹setz dich!›, ‹hör mal zu!›, ‹sei bitte still›, und die fast automatisch verläuft, ist jede Begegnung ein Mysterium des Ich und Du. Martin Buber schrieb einmal: «Der Mensch wird am Du zum Ich.»

Was ist es, dem ich da begegne? Die äußere Erscheinung? Ja, damit fängt es an. Was teilt diese mir alles mit? Ich kann ihre Botschaft verschlafen und den Augenschein nur zur Identifizierung bestimmter Merkmale gebrauchen. Viele Begegnungen gehen so. Man registriert sein Gegenüber und ist weiter nur mit dem beschäftigt, was die *eigene* Seele dem Gegenüber mitteilen will.

Es kann aber auch sein, dass ich selber im Anblick des anderen, in der Wahrnehmung seiner Erscheinung *erwache. Was* sehe ich wirklich, was teilt der Anblick des anderen mir mit? Steht da ein müdes, ein ängstliches, ein aufgebrachtes, ein freudiges, ein angespanntes, ein erwartungsvolles Kind vor mir? Steht da ein vertrauensvoller oder ein kritischer Schüler vor mir? Was sagt seine Körperhaltung? Die Hautfarbe? Steht ein gesundes Wesen vor mir oder eines, das kränklich wirkt? Wie wirkt dieser Mensch auf mich?

Jede Wahrnehmung, jeder Augenschein macht, sofern man sich dessen bewusst ist, die Empfindung rege, wirkt auf einen Teil des Seelenlebens. Reagiere ich mit einem leichten verhaltenen Unmut, reagiere ich voller Sympathie oder ganz ergebnisoffen, aber auf der Grundlage eines gewissen Wohlwollens? Oder ist die Begegnung mit dem Schüler mir eigentlich zu viel, bin ich momentan überfordert? Ist gar ein handfester Zorn im Spiel?

Begegnungen können jede nur denkbare Farbschattierung des Seelenlebens haben. Doch auf jeden Fall beginnt in der Begegnung mit dem anderen ein Prozess der Eigenwahrnehmung. Wie verhalte ich mich? Welche unausgesprochenen, aber realen Gefühlsregungen sind in mir? Wie klar bin ich in dem, was ich sage? Kann ich ich selbst sein, oder mischt sich etwas ein, was ich eigentlich nicht bin oder nicht sein möchte?

Wie anders zeigt sich das Phänomen der *Begegnung* in der Kinderbetrachtung und doch enthält sie ähnliche Züge. Zunächst ist da gar keine physische Präsenz. Man schaut auf ‹Begegnungsreste›. Von den Kollegen mitgeteilte Fragmente früherer Begegnungen werden vermittelt. Man schaut auf geschehene Taten: Hefte, Zeichnungen, Handarbeiten, Kunstwerke, hie und da einen Aufsatz, das alles sind Zeugnisse eines Wesens, das selbst äußerlich gar nicht da ist.

Die Kinder- oder Schülerbetrachtung baut jedoch in den Seelen der Anwesenden die Anwesenheit des Kindes oder Schülers als Wesen im Sinne einer Bildgestaltung auf. Dies ist ein wesenhafter, imaginativer Vorgang: es bleibt alles im Unsichtbaren und ist doch durch und durch real. Wer ehrlichen Sinnes dabei ist, erlebt, es sind Momente von existenzieller Bedeutung, für die teilnehmenden Lehrer, Therapeuten, Ärzte und Eltern, für die gesamte Schul-Gemeinschaft und für den Schüler selbst. Es findet eine *Begegnung der anderen Art statt.*

Der Einzelne kann nach einer solchen Betrachtung empfinden, dass er in einer Weise *berührt* wurde, wie er durch Begegnungen der gewöhnlichen Art nicht so leicht berührt wird.

Eine der Nebenwirkungen dieser «Begegnung der anderen Art» kann die Entstehung eines neuen *Verantwortungsgefühls* sein. Dieses erwacht plötzlich mir selbst gegenüber und meinem Wirken als Mensch und Lehrer. Das ist die Frucht dieser vertiefenden Arbeit: Wahre Begegnung ändert nicht nur mein Gegenüber, sondern vor allem mich selbst.

So betrachtet sind die Kinder- oder Schülerbetrachtungen ein unverzichtbares Instrument der Schulentwicklung. Es darf sogar gesagt werden: ohne Schulentwicklung durch die Kunst der Kinder- und Schülerbetrachtung keine Qualitätsentwicklung, denn Qualität ist ja schlussendlich nichts anderes als *die Summe der Haltungen der einzelnen am Erziehungs-Prozess Beteiligten.*

Diese Realität kann als ein trostreicher Gedanke empfunden werden, denn jeder kann in jedem Augenblick damit beginnen.

Denen, die dieses wollen, sei das vorliegende Buch gewidmet.

II. Einleitung

Das Urbild des Anfangs: Rudolf Steiner als Leiter und Impulsgeber der Stuttgarter Waldorfschule 1919–1924

Es ist Dienstag, der 15. Juli 1924, abends gegen 20.30 Uhr, Rudolf Steiner beruft wegen einer ‹Hiobsbotschaft›, die ihn erreicht hatte, eine außerplanmäßige Lehrerkonferenz ein. Zwei Schüler aus der elften Klasse hatten sich eines Diebstahls schuldig gemacht, der so ernst war, dass eine Aburteilung durch das Jugendgericht nicht zu vermeiden war.

Am Anfang der Konferenz stimmt Rudolf Steiner seine Kenntnis der Vorfälle mit denen der Lehrer ab. Dann beginnt er mit der Analyse der Angelegenheit:

Die Schüler würden in intellektuell-geistiger Weise an der Waldorfschule weitergebracht, sie seien stärker entwickelt als an der Regelschule. Ab der 8., 9. Klasse sei deshalb die Waldorfschülerschaft, wie er es damals formulierte, eine *‹andere junge Menschheit›*, als es sonst der Fall ist. Da aber der Mensch ein einheitliches Wesen sei, müsse diese fortschreitende Entwicklung auch das *‹Moralisch-Seelische›* einbeziehen. Das sei aber nicht geschehen. Er führt weiter aus, dass gerade dieser Umstand ‹allerdings durch die Verhältnisse herbeigeführt wäre› und auch kaum radikal geändert werden könne, ‹wenn wir eine so überlastete Lehrerschaft haben wie bis jetzt›. Da ‹jenes persönliche Verhältnis zu den Kindern nicht eintritt, das die moralisch-seelische Entwicklung, parallel gehend zur intellektuell-geistigen Entwicklung, tragen würde. Es fehle der moralische Einfluss der Lehrerschaft auf die Schüler von der 8. Klasse ab doch eigentlich sehr stark.› Die Schüler seien ‹moralisch auf sich selbst angewiesen›. Steiner nimmt wahr: ‹Wir reden über die Schüler nicht so, wie wir reden würden, wenn wir in diesem moralischen Kontakt mit den Schülern stünden.›[1]

Weiterhin hatte man ihm einen Brief in dieser Angelegenheit geschrieben, aus dem er nicht auf das Vorhandensein irgendeiner menschlichen Beziehung der Lehrer zu den betroffenen Schülern hatte schließen können. Und so stellt er fest, dass die Lehrer sich in den Konferenzen, bei denen er nicht anwesend sein konnte, nicht mit der Erarbeitung der ‹psychischen Bilder› zum Verständnis der Schülerpersönlichkeiten befasst hätten. Man habe keine ‹Schülerpsychologie› entwickelt, so führt er abschließend aus: ‹Es hätten doch auch die besonders beachtenswerten Individualitäten der höheren Klassen hier studiert werden können.›

Im nächsten Schritt dieser schwierigen Zusammenkunft holt Steiner das Versäumte beispielhaft nach. Er gibt drei präzise Schilderungen der am Diebstahl beteiligten Schüler und legt dar, was man hätte tun können und tun sollen, um diese Jugendlichen in ihrer Entwicklung weiterzuführen, als das bisher geschehen war.

Diese vorletzte Konferenz, in der Steiner anwesend war, beinhaltet also auch drei unter dramatischen Umständen gehaltene ***Schülerbesprechungen*** (‹die psychologischen Bilder›). Man kann sie in einem gewissen Sinne auch als eine Art Vermächtnis im Hinblick auf die Praxis der Kinderbesprechungen verstehen.

Erste Kinder- bzw. Schülerbesprechungen

Blickt man zurück in die Gründungsphase der Schule, so wurde vor fünf Jahren, am 8. September 1919, lediglich eine formale Konferenz abgehalten, in der Stundenpläne und Deputate verhandelt wurden. Die Schulgebäude waren noch nicht ganz fertiggestellt. Steiner musste abreisen und war folglich nicht zugegen, als der Schulbetrieb am 16. September aufgenommen wurde. Am 25. September aber kehrte er nach Stuttgart zurück, sah sich die Klassen und den Unterricht an und setzte sich mit den Lehrern in zwei bedeutenden Konferenzen (am 25. und 26. September) zusammen. Schon in diesen ersten Konferenzen, die auf nur zehn Tagen (!) Unterrichtserfahrung beruhten, wurden viele Fragen zu einzelnen Schülern an Steiner herangetragen. Die Fragen von damals hatten oft einen sehr elementaren Charakter, wie z. B.: ‹Ich habe in der 6. Klasse ein Kind, das wirklich minder begabt ist. Es stört aber den Unterricht nicht. (…) Ich möchte versuchen, es zu behalten.› Oder: ‹Ich habe in der 8. Klasse einen Knaben, der melancholisch ist und zurückgeblieben. Den möchte ich in die 7. Klasse zurück schieben.› Sie zeigen uns auch etwas vom

Zeitgeist und der pädagogischen Unerfahrenheit, auch wohl Hilflosigkeit (‹Meine 5. Klasse brüllt und tobt besonders in den Sprachstunden. Die französischen Sätze empfinden sie als Witze.›) dieser ersten Lehrergruppe.

Im Nachhinein kann man den Mut dieser Lehrer nur bewundern, die nach einer zweiwöchigen Vorbereitung zu zwölft nun für 256 Schüler Unterricht zu halten hatten und den gesamten Schulbetrieb in Gang bringen mussten.

In dieser paradigmatischen Situation des Anfangs kann eine zentrale Grundgebärde erkannt werden: die Lehrer tragen ihre pädagogischen Sorgen und Nöte in die Konferenz. Natürlich taten sie das, da sie sich berechtigterweise vom Leiter der Schule, von Rudolf Steiner, Hilfe erhoffen konnten, die dann ja auch immer reichlich kam. So entsteht schon in der allerersten Zeit das Urbild der Kinder- und Schülerbetrachtung: Man trägt seine Sorgen und Fragen in die Gemeinschaft, und da Steiner antworten konnte, wurden die Erwartungen an diesen Gestus ‹ich trage meine Nöte und Sorgen in die Gemeinschaft› erfüllt.

Was geschieht nun aber, wenn Steiner nicht antworten kann, wenn er abwesend war, weil er bekanntlich auch andere Aufgaben hatte? Welche Bedingungen mussten dann hergestellt werden, damit die eigenen Fragen, Nöte und Sorgen der Gemeinschaft der Kollegen anvertraut werden konnten?

Diese Frage führt uns zum Anfang des ersten Vortrages der Allgemeinen Menschenkunde[2]. Rudolf Steiner beginnt seine Ausführungen mit den vielleicht zunächst überraschenden Worten:

‹Meine lieben Freunde, wir kommen mit unserer Aufgabe nur zurecht, wenn wir sie nicht bloß betrachten als eine intellektuell-gemütliche, sondern als eine im höchsten Sinne moralisch-geistige; …›

Auch hier wieder die Betonung des Moralisch-Geistigen. Dass das keine leeren Worte waren, geht aus der zweiten Anfangskonferenz vom 26. September 1919 hervor (die chronologisch die dritte ist). Kurz bevor er sie abschließt und die Lehrer auf die Möglichkeit einer geistigen Zusammenarbeit auch über die Grenzen einer räumlichen Trennung hinweg hinweist, gibt er über das, was er nach den ersten zehn Tagen Unterricht in der Schule gesehen hat, ein moralisches Urteil ab:

‹Das Wichtigste ist, dass immer Kontakt da ist, dass der Lehrer mit den Schülern eine richtige Einheit bildet. Das ist im Grunde genommen fast durch alle Klassen hindurch in sehr schöner, erfreulicher Weise vorhanden gewesen. Ich war sehr erfreut über die Sache.›[3]

Die Schule hatte zu dieser Zeit acht Klassen. Was aber bedeutet dieses «Moralische» im Sinne der Pädagogik? Ein zentraler Aspekt ist dabei, dass die Lehrer den Schülern nicht mit einem gegenständlichen Bewusstsein entgegentreten, sondern sich der Kinder, Schüler und Jugendlichen in einer Weise annehmen, dass eine ‹Einheit› entstehe und Schüler und Lehrer *zusammen* und nicht neben- oder gegeneinander leben und arbeiten.

Es ist immer wieder überraschend, ja erschütternd zu erleben, wie genau in Steiners Ausführungen und Anweisungen alles ineinandergreift ohne den geringsten Widerspruch. Bringt man zum Beispiel den vorhin erwähnten Eröffnungssatz der «Allgemeinen Menschenkunde» mit den sieben Lehrertugenden, die ganz am Ende dieses Buches den zukünftigen Lehrern ans Herz gelegt werden, in einen Zusammenhang, so zeigt sich eine weiterführende Entsprechung. Steiner formuliert als dritte Tugend: *Schärfe Dein Gefühl für seelische Verantwortlichkeit.* Was will uns das sagen? Dieser Zuruf macht darauf aufmerksam, dass wir als Lehrer nicht nur die Verantwortung für die Wissensvermittlung tragen, sondern darüber hinaus auch die Mitverantwortung für das seelische Fortkommen unserer Schüler. Das bedeutet, dass wir den Schülern als Mensch nicht gleichgültig sein dürfen, ja dass wir eine Mitverantwortung tragen dafür, dass sie die Begleitung ins Leben und zu sich selbst durch uns erfahren und wertschätzen. Naturgemäß haben Schüler und Lehrer, auch wenn einem das zunächst nicht so bewusst ist, für einen recht langen Teil der Wegstrecke ihres Lebens ein gemeinsames Schicksal. Auch wenn von Lehrerseite dieses gemeinsame Schicksal verneint wird, entsteht auch daraus Schicksal.

Wer diesen moralischen Zusammenhang zu denken versucht, wird dadurch nicht bedrückt, sondern er kann sich für seine Aufgaben befeuert erleben. So wirkt praktizierte Geisterkenntnis. Sie ist nicht theoretisch.

Es zeigte sich allerdings dann, dass damals, zu Beginn der Waldorfschule, dieser Anspruch im Laufe der Jahre nicht erfüllt werden konnte. Was Steiner als wichtig und zentral betrachtete und immer wieder betonte, es wurde nicht in genügendem Maße umgesetzt. So blieb es denn bei den drei getrennten Systemen: Lehrer, Lehrstoff, Schüler. Obwohl Steiner immer wieder versuchte, von verschiedenen Seiten auf dieses Problem der getrennten Systeme aufmerksam zu machen, es blieb zunächst dabei. Im historisierenden Rückblick kann man immer nur staunen: die ersten Lehrer hatten als Grundlage den vierzehntägigen Kurs Rudolf Steiners und sonst nur ihre Begeisterung und ihren Willen. Diese ersten Kollegen waren allerdings ausnahmslos sehr gebildete Menschen, die besonders in der Anthroposophie verwurzelt waren. Doch diese neue Form der Erziehung, dieses ganz aus den eigenen Möglichkeiten Schöpfen, es wurde zwar wohl ahnend gewusst, aber noch nicht tatsächlich bis in alle Einzelheiten gekonnt. Für viele der damaligen Kollegen war die neue Art der pädagogischen Kunst ein Kampf mit der eigenen schulischen Sozialisation und den daraus entstandenen Konstitutionen.

Diese Prägungen mussten umgewandelt werden in vollkommen neue pädagogische Verhaltensweisen. So ist nur selbstverständlich, dass das nur durch tiefe Krisen geschehen konnte. Aber, die damalige Lehrerschaft war dazu bereit und Steiner war sich der Umstände bewusst. Schon vor der Eröffnung der Schule sprach er von der Schul-Initiative als seinem ‹*Sorgenkind*›.

Ohne Übertreibung kann man von einem Wunder

sprechen, dass aus diesem Keim eine Bewegung einer neuen Erziehung entstanden ist, die inzwischen in allen Teilen der Welt gewollt ist und wirksam arbeitet. Auch heute noch ist es eine Frage, in welchem Verhältnis und Einklang diese drei Grundelemente des Erziehungs- und Bildungsvorgangs stehen.

Die Aufforderung, eine Psychologie, «psychologische Bilder» zu entwickeln

Ein weiteres Problem, das Steiner mit der Identität der Schule verknüpft, kommt im Sommer und Herbst 1920 zur Sprache: Im Juni 1920 und in der Konferenz vom 23. September lobt er zunächst die Fortschritte der Schule, aber fügt dann hinzu:

‹*Es handelt sich nur immer darum, was fortschreitet, das wird in den nächsten Jahren mehr den Ideen entsprechen, die mit der Waldorfschule verbunden sind. (...) Was ich meine, das ist das: wir müssen in der Zukunft immer noch mehr Wert legen auf Psychologie. In Psychologie wirken! Das ist nicht so abstrakt, theoretisch aufzufassen, wie es scheinen könnte. Sehen Sie, es schaut so aus, als ob man die Kinder analysieren wollte. Wenn man sich gewöhnt, sich recht zu bestreben, die Kinder kennenzulernen psychologisch, dann bekommt man allmählich ein anderes Verhältnis zu ihnen, ganz rein durch das Ergebnis der Sache selbst. Das Kennenlernen bleibt nicht bloß ein Erkennen der Kinder; es wird zu einem anderen Verhältnis zu den*

Kindern, wenn man sich bemüht, sie kennenzulernen. (...) Wie die Kinder wirklich sind, das psychologisch zu erkennen, muss man sich mit schwerem Studium erringen.

Dies ist eines, wovon ich meine, dass wir es nach den ersten Jahren als Hauptsache betrachten: Verstehen lernen der Kinder. Sich gar nichts vornehmen, sie müssten so oder so sein.›[4]

Steiner ist sich an dieser Stelle der Gefahr, die er mit der Verwendung des Begriffes ‹Psychologie› in Kauf nimmt, bewusst. Man schaue hierbei auf seinen Versuch, das «Psychologische» nicht als das Analytische zu fassen, oder ein Analysieren anzuregen, sondern statt dessen schlägt er, indem er den Begriff des Seelischen verwendet und von einem ‹*Kennenlernen*› spricht, eine ganz andere Richtung ein, die sogleich auf ein konkretes Beziehungsverhältnis zweier Individuen aufbaut.

Tatsächlich streifen wir hier ein zentrales Problem mit einem bedeutenden erkenntnistheoretischen Hintergrund. Schauen wir kurz auf die Wahrnehmung. Was befähigt uns, im Mai eine blühende Kastanie als Kastanie zu erfassen? Man wird sich einig sein, dass ein langer Prozess der Wahrnehmung, der Erinnerungsfähigkeit und der Begriffsbildung diesem Urteil vorausgehen muss, bis wir beinahe instinktiv die Aussage machen können: das ist eine Kastanie. Die Entscheidung, ob das Kastanie-Erkennen eine Angelegenheit der Übung, der erinnerten Verbindung von Wahrnehmung und Begriff ist oder ob sich hier gar die Erkenntnis einschaltet, dass die Wahrnehmung die physische Bestätigung eines

Konzeptes der Idee Kastanie ist, wird einen Buchband füllen, um zu der Entscheidung zu gelangen, was tatsächlich der Fall ist.

Hier ist folgende Frage wesentlich: Ist der Löwe im Zoo der Löwe oder nur das sichtbare Exemplar seiner Gattung? Die Gattung kann ich allerdings nicht sehen, sondern nur denken. Wie gesagt, man kommt hier auf Wesentliches, das auch in der Kinder- und Schülerbetrachtung eine Rolle spielen wird. Denn: Kastanie und Löwe sind ja einfach zu bestimmen, denn sie sind von einem gewissen Standpunkt aus eindeutig.

Was aber sehe ich, wenn ich mir (im Sinne des Kennenlernens, nicht im Sinne der Analyse) ein Kind, einen Schüler vorstelle? Was sieht man? Wenn man ganz ehrlich zu sich ist, muss man sagen: nicht viel!

Wir stellen rein äußerlich gesehen fest, ob der Schüler groß oder klein geraten ist, ob er dick oder dünn ist, blond oder dunkel, wie er steht und geht, und dann hat man es schon. Gott sei Dank haben wir keine Agnosie, wir können ihn schnell durch seine Gesichtszüge als Fritz erkennen. Aber Fritz so zu ‹erkennen› ist nicht mehr als den Löwen im Zoo zu erkennen: als Exemplar seiner Gattung. Zu welcher Gattung aber gehört Fritz? Zu keiner! Fritz ist Fritz und davon gibt es keinen Zweiten. Trotzdem erkenne ich ihn ohne weitere Anstrengungen nur als Exemplar der Menschheit, ohne die Gattung Fritz zu erfassen.

Und um diesen oben skizzierten Weg geht es Steiner, wenn er über das ‹Kennenlernen› spricht, wenn er darüber spricht, *‹das Kennenlernen bleibt nicht bloß ein Erkennen der Kinder; es wird zu einem anderen Ver-*

hältnis zu den Kindern. (...) Wie die Kinder wirklich sind, das psychologisch zu erkennen, muss man sich mit schwerem Studium erringen.›

In diesem Satz ist gleichsam, wie in einem Wetterleuchten, die ganze Kunst der Kinder- und Schülerbetrachtung enthalten. Das Kennenlernen in diesem Sinne versucht einen Weg zum Verstehen der einmaligen Persönlichkeit, des einmaligen Wesens, das in jedem Kind und Schüler verborgen ist, zu finden. Dieses Kennenlernen hat Erkenntnischarakter, es ist ein tiefer gehendes Erkennen, kein profan äußerliches. Gerade weil es um dieses tiefer liegende Erkennen geht, dürfen wir es anwenden, um unseren Kindern und Schülern zu helfen, da wo sie der Hilfe bedürfen. Wie schwierig es war, für Steiners Intentionen in dieser Richtung ein Verständnis zu entwickeln und bei den Lehrern zu erwecken, zeigt der Verlauf der weiteren Entwicklung in den ersten Schuljahren der Waldorfschule in Stuttgart.

Genau ein Jahr später, im Zusammenhang mit Problemen, die in der 10. Klasse aufkamen, weist Steiner wiederum auf den Abstand zwischen Lehrern und Schülern hin, wenn er sagt, die Lehrer dozierten, statt zu unterrichten.[5]

Die Krise, die dann im Herbst 1923 hervorbrechen wird, dreht sich um diese zwei entscheidenden Angelpunkte: die moralische Haltung und das Verhältnis der Lehrer zu den Schülern, anders formuliert, um den fehlenden Kontakt zwischen beiden und einen Unterrichtsstil, der dozierend, akademisch (wir würden heute sagen ‹frontal›) ist.

Das «Eins-Sein» von Lehrern und Schülern und die Verbindung zum Lerngegenstand als Lebensbedingungen der Waldorfpädagogik

Auch im darauffolgenden Sommer 1924 treten die Probleme des «Nicht Eins-Seins» von Lehrern und Schülern erneut auf. Steiner stellt hier (verhüllt) die Existenzfrage:

«*Diese Dinge müssen wir uns in ihrer ganzen psychologischen Intensität vor Augen stellen.* (Gemeint ist der moralische Zustand der Schüler – Ergänzung durch CW.) *Ernst werden wir daran denken müssen, dass wir dies überwinden müssen,* ***wenn die Waldorfschule bestehen bleiben soll.*** *Da muss der gute Wille aller zusammenwirken, vielleicht doch damit, dass vor einem neuen Schulanfang,* ***wenn die Waldorfschule fortgehen soll, vor dem neuen Anfang*** *unbedingt in einer Reihe von Lehrerkonferenzen gerade über die moralische Haltung der Schule verhandelt werden muss. Wir kommen sonst nicht weiter. Das ist ein großer Mangel, der da ist*» (Hervorhebungen CW).[6]

Diesen Absatz kann man so verstehen, dass aus dem Erleben Rudolf Steiners heraus tatsächlich ein so durchgreifender Wandel erforderlich ist, dass er von einem neuen Anfang spricht, wenn die Schule weiter existieren soll. Dieser neue Anfang soll durch einen intensiveren Kontakt der Lehrer zu den Schülern erfolgen, durch welchen die moralische Verbindung zu ihnen neu gegriffen wird, eine Bedingung, die laut Rudolf Steiner nötig ist: ‹**wenn die Waldorfschule fortgehen soll**›.

Im weiteren Fortgang der Konferenz beklagt sich Steiner darüber, wie ihn diese Angelegenheiten schmerzen. *(‹Das liegt mir schwer auf der Seele; dieses also liegt mir wirklich sehr schwer auf dem Herzen.›)* Er weist wiederholt auf seine Wahrnehmung hin, dass der akademische Ton im Unterricht sogar eher zu- als abgenommen habe, und fordert das Kollegium auf: *‹Äußern Sie sich, soweit Sie es wollen.›*

Und als ob die ganze Tragik der Situation an den Lehrern vorbeigegangen wäre, fragt daraufhin einer von ihnen: ‹Was für eine Konstitution liegt vor bei diesen Kindern?› Diese Äußerung zeigt unmissverständlich das, was Steiner über Jahre hinweg in so vielen Worten bemängelt hatte: der Schüler wird gegenständlich betrachtet, nicht aus der Betroffenheit heraus. Es fehlt an Empathie, an Verbindung zum menschlichen Gegenüber.

Im Folgenden bringt Steiner nun die Sache auf den Punkt: ***‹Ich muss einen neuen Einschlag geben.›*** Es fehle an Interesse an den Schülern und an Begeisterung für den eigenen Unterricht. Der Unterricht werde ‹müde› veranstaltet: *‹Ein Mensch darf doch nicht müde sein, wenn er im Geiste leben soll.›*

‹Psychologische Bilder von den Schülern zu gewinnen, dazu gehören auch pädagogisch-technische Kunstgriffe, von denen wollen wir reden. Was aber vor allen Dingen dazu gehört, das ist Enthusiasmus und Interesse.›

Für den kommenden Herbst entschließt sich Steiner nun tatsächlich dazu, eine neue Aufgabenstellung vorzunehmen: Es soll ein neuer Einschlag gegeben werden, die Kunstgriffe zur Schülerbetrachtung sollen weiterentwickelt werden, ganz aus Interesse an den Schülern orientiert und auf der Begeisterung für die Aufgaben des Lehrers gründend.

Die letzte Äußerung Rudolf Steiners, die er in der letzten gemeinsamen Konferenz vom 3. September 1924 macht, mag einen in diesem Zusammenhang besonders berühren: ‹Ich will Vorträge halten im September oder der ersten Oktoberwoche ***‹über die moralische Seite der Erziehung und des Unterrichtes›*** (Hervorhebung CW).

Es sollte durch die Erkrankung und den frühen, unerwarteten Tod Rudolf Steiners nicht mehr dazu kommen.

Lässt man diese Vorgänge auf sich wirken, kann man zur Einsicht kommen, dass in jener dramatisch-tragischen Situation, ganz am Ende von Steiners physischem Wirken in der Mutterschule, die Kinder- oder Schülerbetrachtung (beziehungsweise deren Abwesenheit) eine zentrale Rolle gespielt hat.

In den Zeiten, wo Steiner nicht an den Konferenzen teilnehmen konnte, weil er anderen Aufgaben nachging, hatten die Lehrer es versäumt, ihre Sorgen, ihre Fragen und Probleme, die mit den Schülern auftraten, in die Konferenz einzubringen. Die ‹psychologischen Bilder›, die Schülerbesprechungen, kamen daher nicht zustande.

Steiner verknüpft die Tatsache, dass dieser Austausch in seiner Abwesenheit versäumt wurde, mit dem Interesse der Lehrer für die Schülerpersönlichkeit beziehungsweise mit dessen Mangel. Er verwendet das Wort Interesse im Sinne des Verstehens, des Verstehens des anderen Menschen. Durch Interesse kann man die Schüler verstehen lernen, und gerade durch dieses Interesse, das als eine erhöhte Aktivität, eine gerichtete, offene Aufmerksamkeit verstanden werden muss, dadurch entwickelt sich dasjenige, was man die Einheit der Schule nennen könnte, eine Einheit bzw. Gemeinsamkeit, ein Zusammenhang, der die Gemeinschaft von Lehrern und Schülern bewirkt. Ein wichtiges Instrument, diesen Zusammenhang zu stiften, ist die Schüler- oder Kinderbetrachtung. Diesen ganzen Komplex, ergänzt durch lebendiges Interesse am eigenen Unterricht, nennt Steiner hier den ‹geistig moralischen Zusammenhang›, und er meint damit nicht eine geistige oder meditative Betätigung, sondern das Zusammenleben und -wirken von Lehrern und Schülern.

Die Krise von damals ist jetzt bald neunzig Jahre her. Trotzdem sehen wir, wie die Kinder- oder Schülerbetrachtung an vielen Schulen fast ganz verschwunden und vergessen ist. Wir stellen heute fest, dass es in den wenigsten Kollegien zur Qualitätsroutine gehört, sich auf diese Weise mit den Schülern zu beschäftigen und zu verbinden, ja sich auf diese Weise auch selbst fortzubilden und weiterzuentwickeln, um diese notwendige Einheit zwischen Lehrer und Schüler herzustellen.

Die vorliegende Schrift möchte einen Beitrag dazu leisten, dieses wunderbare Instrument der Schülerbetrachtung wieder zu entdecken und zu nutzen. Es stellt gerade für die heutige Zeit, wo wirklich viele Schüler komplizierte Konstitutionen mitbringen, eine echte Qualitätssicherung dar. Eine Qualitätssicherung, die nicht durch äußere Standards oder Checklisten entsteht, sondern die aus einer gemeinsam erarbeiteten Befähigung kommt; die pädagogische Konferenz kann wieder eine Forschungsgemeinschaft werden.

Einiges zum Sprachgebrauch

In der Einleitung wurde die Kinder- oder Schülerbetrachtung historisch verortet. Wir haben dargestellt, wie sehr diese Arbeitsweise des Kollegiums zur Waldorfschule gehört und was bereits in der Gründungszeit geschah, als sie vernachlässigt wurde.

In der Darstellung sind einige Kernbegriffe wiederholt verwendet worden: das *Interesse* an den Schülern, die *Begeisterung für den Unterricht* und die Bezeichnung *psychologische Bilder*, d. h. die Entwicklung einer Psychologie der Kinder bzw. Schüler. Im Folgenden sollen diese Begriffe nun etwas genauer umrissen werden.

Interesse an den Schülern

Welcher Lehrer kann von sich sagen, dass er etwa kein Interesse an seinen Schülern habe? Kein Lehrer wird sagen: die Schüler interessierten ihn nicht. Doch das alltägliche, vordergründige Interesse an den Schülern ist in diesem Kontext nicht gemeint. Gemeint ist ein

Interesse, das zum Verstehen führt. Ein tiefer gehendes Interesse, das sehend macht, durch das die Schülerpersönlichkeit vom Lehrenden überhaupt erst erkannt und in adäquater Weise angesprochen werden kann. Ein einfaches Beispiel möge das hier Gemeinte verständlich machen: Wenn ein Lehrer aus diesem tiefer gehenden Interesse, das immer auch einen Forschungsaspekt hat, das Temperament eines Schülers wahrgenommen und verinnerlicht hat, wird er anders zu ihm sprechen, als wenn ihm das Temperament verborgen geblieben ist. In der Ansprache durch den Lehrer ist dieser für den Schüler weniger als ein Fremder und Störender erlebbar, wie wenn dieser dazu in der Lage ist, das Temperament, wie von selbst, zu berücksichtigen. Interesse ist die Bedingung für das Verstehen des Anderen und jenes wiederum ist der Weg zur Beziehungsfähigkeit.

Die Begeisterung

Sie ist, wie man vielleicht irrtümlicherweise dem einleitenden Text Rudolf Steiners entnehmen könnte, mitnichten als Strohfeuer gemeint, sondern als existenzielles Lebensblut für den Unterricht. Begeisterung ist eine Kraft, die entsteht, wenn der Unterrichtsstoff vom Lehrer so verinnerlicht wurde, dass er selbst die «Farbe» des Lehrstoffes annimmt! Wer mit den Schülern Mathematik treibt, ist ein anderer als der, der Geschichtsunterricht gibt, und wieder ein anderer als der, der Sprache unterrichtet. Diese Verwandlung durch den Stoff ist somit ein Ausdruck der Begeisterung für den Unterricht. Besonders in der Oberstufe äußert sich diese Qualität durch das, was wir Authentizität nennen, d. h. den Zusammenklang von Persönlichkeit, Stoffbeherrschung und Darstellung. Auf diese Qualität sollte größter Wert gelegt werden. Im vorschulischen Bereich kommt es auf die Kraft des Lehrers an, das Dasein der Kinder ganz zu bejahen.

Psychologie und psychologische Bilder

Mit dieser Bezeichnung ist, wie man aus den Worten Steiners annehmen könnte, nicht der Inhalt von psychologischen Handbüchern der Regelwissenschaft gemeint, auch keine pädagogische Psychologie im landläufigen Sinne. Steiner blickt hier viel elementarer und praktischer auf eine Fähigkeit, die sich der Pädagoge durch ein intensives Studium der anthroposophisch orientierten Menschenerkenntnis heranbildet. Das schließt grundsätzlich Begrifflichkeiten aus der Regelwissenschaft nicht aus, es ist aber eine Haltung, die das Gegenüber nicht *gegenständlich* auffasst, sondern *einfühlend*, *empathisch*. Immer wieder und wieder fordert Steiner seine Lehrer auf, ‹Psychologen zu werden›, ‹*das goldene Buch der Psychologie*› zu schreiben. Geht man diesen Hinweisen auf den Grund, so kommt man zu der Auffassung, dass Psychologie in diesem Verständnis ein durchaus lebendiger Begriff ist, den man auch als «aus Verständnis handeln» bezeichnen könnte. Dies bedeutet allerdings auch, dass der Lehrer eine inklusive Haltung einnimmt, er selbst ist mit dem Schüler zusammen Teil des Erziehungs- und Bildungsvorgangs. Schüler und Lehrer stehen so verstanden nicht in einem Subjekt-Objekt-Verhältnis zueinander, sondern sind immer in einem ‹Wir› begriffen.

Nun ist es schon – man könnte sagen im goetheanistischen Sinne – wahr, dass das Studieren und Verstehen-Lernen des werdenden Menschen nur möglich ist, wenn man ein intensives Interesse am Kind entwickeln kann.[7] Dieses Interesse muss zwar objektiv sein, trotzdem aber immer umgeben von der wärmenden Verständnishülle der Sympathie. Es geht hierbei nicht um die persönlich, von selbst aufsteigende Sympathie, sondern um eine Sympathie, die sich der Pädagoge anerzogen hat, eine grundsätzliche Sympathie für alles, was menschlich ist. Steiners Psychologie-Begriff ist somit umfassend, ganzheitlich, unglaublich konkret, praktisch und nicht analytisch gemeint.

Man kann das hier Angedeutete, das später in seinen Einzelheiten noch weiter ausgeführt wird, auch als die zentrale Charakter- und Stimmungsgrundlage für die Kunst der Kinder- und Schülerbetrachtung ansehen. Ohne die Wärmehülle der allgemeinen Menschenliebe kann eine solche Arbeit leicht zu einem (Ab)urteilen der Schülerpersönlichkeit führen und damit nicht nur verletzend ausfallen, sondern gänzlich ihr Ziel verfehlen.

Eine Kinder- oder Schülerbetrachtung kann aber einen bedeutenden Schub der Begeisterung freisetzen, wenn es gelingt, gemeinsam zur Sache zu sprechen, zur Sache zu kommen. Das Erlebnis, dass gemeinsam *Wesentliches* getan wurde, weckt Vertrauenskräfte in der

Gemeinschaft. Kinder- oder Schülerbetrachtungen sind praktische Anwendungen der ‹neuen Psychologie› der Menschenkunde. Und die Erfahrung, dass die Menschenkunde keine Theorie, sondern praktisch ist und wirkt, ist eine der Quellen der Erkraftung und Erfrischung, der sich wohl keiner entziehen kann, der eine solche Betrachtung ehrlichen Sinnes miterlebt hat.

III. Voraussetzungen für die Kunst der Kinderbesprechung

Die Konferenzen des Jahres 1924 als Hintergrund der Entstehung der Kinderbesprechungen

Es war kurz nach der Weihnachtstagung 1923/1924, bei der durch Rudolf Steiner in Dornach (Schweiz) die Allgemeine Anthroposophische Gesellschaft neu begründet wurde. Eine Neubegründung wurde insofern vollzogen, dass Steiner, der bis dahin nur als Lehrer und Ratgeber im Rahmen der Anthroposophischen Gesellschaft tätig war, nun die Geschicke der Gesellschaft in die Hand nahm, indem er in der Hoffnung den Vorsitz übernahm, dass nun das Gefäß (die Gesellschaft selber) in allen ihren Äußerungen die Anthroposophie zum Ausdruck bringen möge. Von diesem Zeitpunkt an waren die Form (der Gesellschaft) und Inhalt (‹Lehre›) der Anthroposophie eins. Steiner prägte für diesen Vorgang einen besonderen Begriff: ab jetzt sollte alles einen *«esoterischen Zug»* haben, d. h. jede Handlung die Äußerung eines lebendigen Geistes sein. Das galt für die geistigsten wie für die irdischsten Taten, die von dieser Gesellschaft in Zukunft ausgehen würden. So ging mit dieser Tagung ein Aufruf an die Mitglieder, die Anthroposophie als einen Schulungsweg zu betrachten, den man, wenn man diese nach außen hin vertreten wolle, auch praktizieren sollte. Alles, was von der Anthroposophie ausgehen würde, sollte nicht im Verborgenen geschehen, sondern durchaus in der Öffentlichkeit. Für viele der damaligen Teilnehmer war diese Tagung die Geburtsstunde einer neuen Kultur, und das von ihr ausgehende Verständnis der Geisteswissenschaft ist bis heute der Quell ihres Strebens und Trachtens.[8]

Tief beeindruckt kamen auch einige Lehrer der Stuttgarter Waldorfschule von der Weihnachtstagung aus Dornach zurück. Als auch Steiner wieder nach Stuttgart kam, um sich mit den Lehrern über den Fortschritt der Schule in den Konferenzen zu beraten, stellten diese ihm die Frage, ob es angesichts der neuen Sachlage nicht gut wäre, dass er offiziell der Leiter der Stuttgarter Schule werden wolle.

Steiner lehnte diese Anfrage ab. Er sei und bleibe in der Schule der Ratgeber und es stehe jedem frei, diesen seinen Rat anzunehmen. Er betrachtete sich im Kreis der Kollegen als ein Mitglied des Kollegiums. Wir würden heute sagen, er war der Primus inter Pares, der Erste unter Gleichen. Auch einen kollektiven Anschluss der Lehrerschaft an die neu begründete Hochschule der Gesellschaft mit ihren Sektionen lehnte er mit der Begründung ab, die Schule sei auf Freiheit gebaut und kein Organ dieser Hochschule. Immer wieder betonte er, die Schule lebe zwar aus der Anthroposophie, sei aber kein Organ der Allgemeinen Anthroposophischen Gesellschaft.

So ging man wieder an die Arbeit. Die Lehrer wurden dann aufgrund ihres individuellen Entschlusses Mitglied der Hochschule.[9]

All das müssen wir mitbedenken, wenn wir die Lehrerkonferenzen zur Zeit Steiners verstehen wollen: Von Anfang an stand für ihn das Prinzip der Kollegialität, der kollegialen Verantwortung im Mittelpunkt:

«*Wir werden die Schulen nicht regierungsgemäß, sondern verwaltungsgemäß einrichten und sie republikanisch verwalten. In einer wirklichen Lehrerrepublik werden wir nicht hinter uns haben Ruhekissen, Verordnungen, die vom Rektorat kommen, sondern wir müssen hineintragen dasjenige, was uns die Möglichkeit gibt, was jedem von uns die volle Verantwortung gibt für das, was wir zu tun haben. Jeder muss selbst verantwortlich sein.*»[10]

Aus diesem ‹Selbst-verantwortlich-Sein› ergeben sich zwei Möglichkeiten. Je nach der Lage der individuellen Möglichkeiten der Selbstreflexion oder der Selbsterkenntnis kann sich das Urteil einstellen, dass man sich dieser Verantwortung gewachsen fühlt oder eben nicht. Man fühlt sich üblicherweise einer Verantwortung gewachsen, wenn man (ungefähr) weiß, was man zu tun hat, wie man auf Situationen reagieren kann, wenn man erlebt, wie angestrebte Ziele allmählich verwirklicht werden können. Ist dem so, dann befindet man sich gleichsam «im Fluss», kurz, das Leben stimmt mit den Aufgaben überein.

Fühlt man sich aber einer Verantwortung nicht gewachsen, so trifft das oben Beschriebene nicht zu. Man weiß dann nicht, was in einer Situation zu tun ist, der oder die Schüler bleiben einem ein Rätsel. Angestrebte Ziele werden nicht erreicht, ‹man kommt nicht vom Fleck›. Der Prozess, der Lebensschritt und -fortgang stockt, Unsicherheit entsteht, das Leben und die Aufgaben stimmen nicht miteinander überein.

Nimmt man die oben genannte Äußerung Steiners über eine von einer Verwaltung ausgeübte Leitung und eine Leitung durch individuelle Verantwortung des Einzelnen sich selbst gegenüber ernst, kann das konkret nur heißen, dass man seine Schwierigkeiten und Probleme mit den Schülern oder dem Lehrgegenstand (d. h. das eigene Nicht-voll-verantwortlich-sein-Können) in die Konferenz hineinträgt und den Kreis der Kollegen (die Lehrerrepublik) um Rat bittet. Dies ist sicherlich ein Gedanke, an den man sich zunächst erst einmal gewöhnen muss. Doch früher war dies wohl noch schwerer als heute. Es gab Generationen von Lehrern, die den Gedanken nicht ertragen konnten, dass sie möglicherweise etwas nicht richtig gemacht hatten oder, schlimmer noch, etwas nicht können. Und wenn es dann tatsächlich ein nicht zu übersehendes Problem gab, war es nicht das eigene, sondern das der anderen, der Schüler zum Beispiel. (Diese Haltung zeigt sich insbesondere immer dann, wenn Kollegen über die Kinder und Schüler viel klagen und schimpfen. Wenn man dann daraufhin nachfragt, ob jemand einen Schüler zur Kinderbetrachtung anmelden will, meldet sich keiner der Betroffenen.)

Das allgemeine Selbstbewusstsein hat inzwischen

Fortschritte in die Richtung gemacht, dass ein Mensch, der regelmäßige Selbsterkenntnis pflegt, von sich selbst weiß, dass er Fehler macht. Man kann selbstverständlich nicht alles können, aber man kann danach streben, sich zu verbessern. Und viel wichtiger, weil dadurch eine neue soziale Geste entsteht: man kann sich gegenseitig helfen, ohne an Selbstwert zu verlieren. Mit einer solchen inneren Haltung wird dann auch plötzlich die Konferenz beweglich und prozesshaft, denn nun ist der Einzelne nicht nur mit seinem eigenen Anliegen angesprochen, sondern man wirkt als Gemeinschaft am Fortgang der Erziehungs- und Bildungsaufgabe zusammen.

Beispiele aus der Konferenzarbeit mit Rudolf Steiner

Liest man heute die dreibändige Dokumentation der Lehrer-Konferenzen mit Rudolf Steiner, so fällt auf, dass ihm von Seiten der Kollegen unzählige Fragen gestellt wurden. Oft waren es Fragen zum Lehrstoff *(«Was soll ich in der 8. Klasse im Englischunterricht lesen?»)* oder allgemein pädagogische Fragen, auf die Steiner sehr konkrete Antworten gibt *(«Für diesen Rechenunterricht würde ich Sie bitten, ihn so einzurichten, dass für die Fortsetzung, für das Nehmen von neuen Stoffen, der Epochenunterricht bleibt, dass aber für den Rechenunterricht in jeder Woche zwei halbstündige Wiederholungen im übrigen Hauptunterricht stattfinden»)*[11] oder (*«Es ist in den höheren Klassen das Prinzip des Dozierens eingerissen und der Unterricht ist eine Sensation. Sie hören [nicht?] zu, sie arbeiten innerlich nicht mit und können daher zu wenig»*[12]). Daneben wurden auch Ratschläge für den Umgang mit einzelnen Schülern gegeben, mit denen Kollegen nicht zurechtkamen. Fragte beispielsweise ein Kollege in der Konferenz um Rat, weil er einem Schüler nicht helfen konnte, dann sah Rudolf Steiner sich das betreffende Kind während des Unterrichts an und gab dann in der folgenden Konferenz entsprechende Hinweise. Diese Ratschläge waren knapp gehalten und eine solche Kinderbetrachtung dauerte in der Regel nicht länger als einige Minuten. Um das genauer zu sehen, sei hier ein Beispiel aus der Konferenz vom 26. Mai 1920 (GA 300a) angeführt:

«Es wird über einige Kinder der 5. Klasse gesprochen, besonders über E. E. ***Der Lehrer:*** *Er kommt nicht mit. In den Sprachen ist er begabt. Er ist schlau, gerissen.*

Steiner: *Man müsste mit möglichster Berücksichtigung seiner Individualität ihn ab und zu beschäftigen, ihn anregen. Dann muss man das variieren, sich immer wieder speziell mit ihm beschäftigen.*

Der Lehrer: *Sollte er nicht in die Hilfsklasse kommen?*

Steiner: *Was soll er in der Hilfsklasse machen? Er ist ein leidenschaftlicher Zwickel. Es würde auf ihn einen tieferen Eindruck machen, wenn man ihn ein Paar Schuhe machen lässt. Man müsste so etwas schaffen, dass er Nägel einschlägt und Schuhe machen kann. Richtige Stiefel für jemand anderen. Man müsste den E. im Handarbeitsunterricht Schuhe machen lassen: das* *wäre schon etwas. Das wird ihm Spaß machen, besohlen, Doppelsohlen machen.»*

Aus der Konferenz vom 28. Oktober 1922 (GA 300b):

*«**Ein Lehrer:** Der P. Z. in der 4b stört, er macht unnötige Bemerkungen.*

***Steiner:** Sie könnten vielleicht neben dem, dass er heileurythmisch behandelt wird, ihn veranlassen, solche Dinge zu erzählen, worin er kopiert wird, und sich im Verlauf der Handlung selbst ad absurdum führt. Versuchen Sie, eine ähnliche Bemerkung in eine Erzählung zu verweben, wo jemand durch eine solche Bemerkung klatschnass wird, oder sonst etwas passiert …*

Es wird berichtet über die L. K. in der 1. Klasse. Märchenerzählen kann sie nicht leiden und auch Gedichte nicht.

***Steiner:** Die sollte mit dem ganzen Körper I machen, mit den Ohren und dem Zeigefinger U, mit den Haaren E, sodass sie alle drei Übungen so hat, dass darin etwas von Sensibilität ist. Sensibilität des Körpers erwecken. Das müsste über längere Zeit gemacht werden.»*[13]

Diese Beispiele mögen für viele andere stehen. Das Muster ist immer dasselbe; die Lehrer fragen, Steiner antwortet. Das «Wie» der Antworten wollen wir uns im nächsten Abschnitt näher ansehen. Zunächst stellen wir fest, dass das Muster einfach ist: man fragt und man bekommt eine Antwort. Hier ist nicht nur ein Berater am Werke, sondern ein überragender Könner, im wahren Sinne des Wortes ein Könner und Wissender. Vergegenwärtigen wir uns das in Form eines Bildes: Der Kreis der Lehrer, in der Mitte Rudolf Steiner, die Lehrer fragen, sie bekommen Antwort. Aus der Lehrerschaft, aus der ‹Peripherie› kommen die Fragen, aus dem ‹Zentrum› kommt die Antwort.

Dann tritt die Situation ein, dass Rudolf Steiner erkrankt und ab dem Herbst 1925 nicht mehr zur Verfügung steht. Die Lehrer sind nun auf sich selbst gestellt, sind auf ihren «Eigenrat» angewiesen.[14] Wie ändert sich das Bild jetzt? Der Kreis der Lehrer kommt zusammen, um über ein Kind zu beraten. Wo ist jetzt das Zentrum? Nun steht die Frage im Mittelpunkt, die ‹Peripherie› muss antworten. Im Falle der Kinderbetrachtung bildet das Kind das Zentrum. Die Peripherie bewegt die Antwort. Es ist eine Umstülpung geschehen.

Man kann sich fragen, warum es überhaupt wichtig ist, auf diesen Umstülpungsvorgang aufmerksam zu

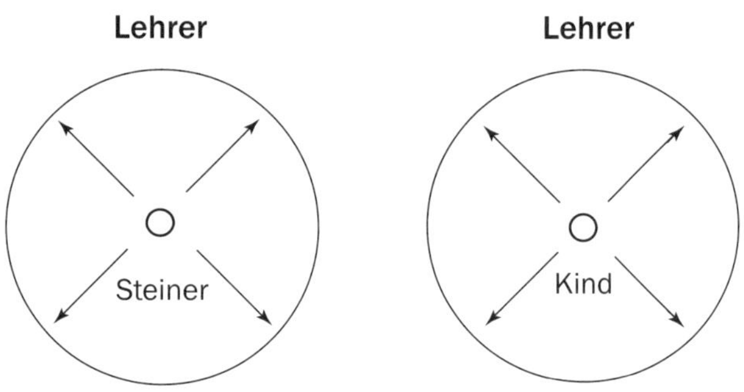

Steiner lehrte die Lehrer, das Kind zu verstehen

Das Kind lehrt den Lehrer, es zu verstehen

machen. Ich denke, dass gerade hier etwas Bedeutsames vorliegt. Wir erleben ja die Konferenz als die Seele der Schule, als ihr Herz. Auch ein Herz kann und will lernen. Wir können die Kinderbetrachtung nicht nur als eine notwendige Einrichtung sehen, dem Kind und seinem Lehrer zu helfen. Sie ist zugleich für das *ganze* Kollegium ein *Lernmoment par excellence*. Die Konferenz *kann,* so verstanden und praktiziert, die «hohe Schule der Psychologie» (Steiner) werden, in welcher der Kreis der Lehrer sich fortwährend weiterbildet. Es regt zum Nachsinnen an, wenn man sich hier die Umstülpung ganz real denkt: Weisheit und Hilfe flossen zunächst aus einem Zentrum in den Umkreis, der das Gegebene aufzunehmen versuchte. Jetzt ist die Frage selbst zum Mittelpunkt geworden und der Umkreis muss sich fähig machen, Weisheit und Hilfe zu geben.

Um das zu tun, braucht es einen erweiterten Begriff der Konferenz.

Ein erweitertes Verständnis der Konferenz

Man hat sich daran gewöhnt, die Konferenz als einen sachlichen Austausch von Informationen anzusehen, oft dominiert diese ‹technische Konferenz› die pädagogische. Diese Funktion der Konferenz ist selbstverständlich wichtig und hat ihre Berechtigung. Sie verliert allerdings ihre Berechtigung, wenn sie die *pädagogische* Konferenz verdrängt. Die pädagogische Konferenz ist das eigentliche Herzstück der Schule, in ihr berät man sich, ‹republikanisch›, das heißt als Gleicher unter Gleichen, zu den Fragen der Pädagogik und des pädagogischen Alltags.

Ich denke, wir brauchen einen erneuerten Begriff von diesem Gebilde der Konferenz in der Schule, damit es nicht notwendig ist, dass Kollegen ihre pädagogische Arbeit in kleinen Zirkeln außerhalb der Schule wie im Exil vollbringen.

Wie kann die pädagogische Konferenz gelingen? Bedingungen für die Vorbereitung der Kinderbesprechungen

Zu den Bedingungen eines neuen Verständnisses der Bedeutung der Konferenz gehört die Verfasstheit der *pädagogischen* Konferenz innerhalb der Schule. Bei verschiedenen Gelegenheiten[15] spricht Steiner über die Einrichtung der Konferenz und verwendet, wenn er über pädagogische Beratungen der Lehrer spricht, die Begriffe ‹Seele› und ‹Herz› für die pädagogische Konferenz, die laut seinen Anregungen möglichst am Donnerstag[16] stattfinden sollten. Wenn die administrative Leitung der Schule aus der pädagogischen Konferenz ausgegliedert ist, kann es gut sein, dass der Geschäftsführer diesen Teil der Aufgaben übernimmt. Doch auch dann bleibt trotzdem die Notwendigkeit bestehen, dass der Schul-Organismus ein Herz, ein Zentralorgan braucht; ein Organ, durch das tatsächlich das auf psychologisch-menschlicher Ebene stattfindet, was im Herzen physiologisch vor sich geht. Der Vergleich mit dem Bild des Herzens zeigt uns vier Qualitäten.

1. Gegenseitige Wahrnehmung

Gegenseitige Wahrnehmung meint mehr als bloße Information. Ein Lehrerkollegium sieht es unter dieser Voraussetzung als seine Aufgabe an, sich nicht nur einmal wöchentlich zu treffen, sondern sich zudem auch zu *begegnen*. Das heißt: man erlebt sich gegenseitig, man hört, was in den anderen lebt, man schaut zurück auf die Ereignisse der vergangenen Woche, man hört einander zu, man bespricht sich. Es findet ein Zusammensprechen und -klingen der verschiedensten Erlebnisse und Intentionen statt.

2. Gemeinsame Urteilsfindung

Einsichten und Urteile müssen erst gebildet werden: Soll diese Klassenstufe verdoppelt werden, sollen wir den Fremdsprachenunterricht anders gliedern? Wie ist es mit dem Stundenplan, atmet er genug oder ist er zu kurzatmig? Welchen Auftritt nach außen wollen wir, brauchen wir? Kurz, die Gemeinschaft der Lehrer berät sich, bildet sich über die verschiedensten Angelegenheiten ein Urteil. Das ist an sich schon wichtig genug. Noch wichtiger aber ist die Innenseite dieses Vorganges: man übt das Bilden eines Urteils als *Gemeinschaft*. Was braucht man dafür? Ein waches Empfinden für die eigene Verantwortung und für die Grenzen dieser Verantwortung. Da ist es z.B. sehr wichtig, dass der Einzelne abschätzen kann: «Zu diesem Thema habe ich nichts zu sagen, da höre ich nur zu.» Oder aber: «Hier muss ich mich einbringen, hier mich zurückhalten.»

3. *Gemeinsames Lernen*

Wenn das Lehren auf der Selbsterziehung des Lehrenden basiert[17], dann *muss* der Wille der Lehrer und der Lehrerin geweckt werden, aus *jeder Situation* selber zu lernen. Das Konzentrat dieses Willens aber ist die kontinuierliche Weiterbildung durch das Kollegium. Die *pädagogische Konferenz,* so war es Steiners Wunsch, solle ‹die hohe Schule› der angewandten Psychologie darstellen.

In dieses Feld fallen auch die Schüler- und Klassenberatungen; nicht als Urteilsvorgang, sondern als *Lernvorgang*. Menschenkunde (d.h. Anthropologie) treiben, den Schülern helfen (und dadurch auch Kollegen) bringt einen wesentlichen Beitrag zur Qualitätssicherung der Schule. Arbeitet eine Schule unter diesen Vorzeichen, so wird die Waldorfschule wieder das, wofür sie ursprünglich konzipiert war: eine Schule für *alle* Kinder.

4. *Gemeinsame Impulsierung*

Von großer Bedeutung für das gesamte Schulleben ist der in der Konferenz gemeinsam getroffene Entschluss. Für äußere Angelegenheiten ist das ein alltägliches Geschäft. Hier aber soll auf eine allgemeinere Richtung der Impulsierung hingewiesen werden. Wo bewegen wir uns als Schule insgesamt hin, was wollen wir gemeinsam erreichen? Was sind unsere pädagogisch-geistigen Ziele? Was ist die innere Entwicklungsrichtung, die vom Schulganzen angestrebt wird? Nimmt die Konferenz sich für solche Erörterungen Zeit, oder sind die Konferenzen durch endlose äußere Tagesordnungspunkten verplant? Manchmal will es einem so scheinen, als ob sich die Kultur der Berichte- und Technischen Konferenzen allein darauf beschränkt, damit nichts von den *eigentlichen* Angelegenheiten der Schule angesprochen werden muss. Es ist wie ein Instinkt: ja nichts Wesentliches berühren.

Die erste Bedingung zu einer Kinder- oder Schülerbesprechung ist also die Einrichtung einer *pädagogischen Konferenz*, die ihre zentrums- und gemeinschaftsbildende Aufgabe in irgendeiner Form wahrnimmt und nicht verhindert.

Die Praxis hat erwiesen, dass es eine zweite Gruppe von Bedingungen gibt, die den ganzen Vorgang der Besprechung erleichtern. Sie sind erstrebenswert und liegen im sozialen Bereich. So wenig wie die Kinderbesprechung selber formalisiert werden soll, so sicher hilfreich ist es, wenn man das Folgende beachtet.

Erstrebenswertes in der Vorbereitung der Schüler- oder Kinderbetrachtung

1. Die Notwendigkeit eines Gesprächsleiters

Die Kinderbetrachtung braucht einen **Gesprächsleiter.** Dieser muss nicht der Konferenzleiter sein, es ist auch nicht nötig, dass der Klassenlehrer des in Rede stehenden Kindes diese Aufgabe übernimmt. Vielmehr ist es wichtig, dass der Gesprächsleiter die Fähigkeit hat, das richtige Gleichgewicht zwischen einem stringent geführten, an *Anleitungen* orientierten Gespräch und *freien Gesprächsverläufen* herbeizuführen. Er sollte diese Balance zwischen beiden Polen herstellen können. Dazu ist es auch notwendig, dass der Gesprächsleiter geistesgegenwärtig wie voraus ahnt, wohin sich die Richtung des Gespräches – immer das Wesen des Kindes vor Augen habend – bewegt.

2. Die Beteiligung aller Kollegen

Rudolf Steiner hat immer wieder betont, Lehrer sollten sich davor hüten, Spezialisten zu sein.[18] Auf die Kinderbetrachtung übertragen, bedeutet das, nicht nur die Lehrer, die das Kind kennen, sollen an der Besprechung teilnehmen, sondern gerade auch diejenigen, die das Kind *nicht* kennen. Oft erhält man gerade von den am Unterricht des Kindes Unbeteiligten wertvolle Ratschläge und richtungweisende Fragen. Auch kann von den Kollegen, die mit großem Interesse an der Besprechung nur zuhörend teilnehmen, ein Fundament der richtigen Stimmung geschaffen werden. Es ist also prinzipiell sinnvoll, dass **alle Kollegen sich an der Kinderbesprechung beteiligen.** Dies ergibt sich ja auch aus dem Bild der Kinderkonferenz, wie sie als eine Art Urbild durch Steiner im Lehrerkollegium der ersten Waldorfschule veranlagt worden ist. Wenn dargelegt wird, dass sich alle Kollegen daran beteiligen sollen, gilt das für diese ursprüngliche Gestalt. Dass es z. B. auch Kinderkonferenzen im Kreis der Klassenkonferenz gibt oder in speziell dafür zusammenkommenden Zirkeln, soll dadurch nicht in Frage gestellt werden.

3. Die Tugend der Zurückhaltung

Eine wesentliche Voraussetzung für das Gelingen einer Kinderbetrachtung ist auch noch Folgendes: In jedem Kollegium gibt es Kollegen, die sich in die Menschenkunde tiefer als andere eingearbeitet haben, und bei jeder Kinderbetrachtung gibt es zudem Kollegen, die über das im Mittelpunkt der Betrachtung stehende Kind mehr wissen als andere. Gerade diese beiden Kategorien von Lehrern sollten sich bei der Durchführung der Kinderbetrachtung **Zurückhaltung** auferlegen. Dies mag sich auf den ersten Blick paradox ausnehmen, doch nimmt man das Bild des Kreises ernst, dann kann gerade einer der oben skizzierten Kollegen aus der Begeisterung heraus die Gesprächsrichtung in ganz einseitiger Weise beeinflussen. Von Bedeutung ist gerade, was sich aus dem ganzen Kreis der Lehrer als Gesprächsgrundlage bilden will.[19]

4. *Die Zeitgestaltung der Kinderbesprechung*

Es gibt Kollegien, die für eine Kinderbetrachtung zwei Konferenzen belegen, manche sogar haben sich an drei Sitzungen gewöhnt. Dieses Bestreben ist sehr schön, doch der Erfolg der Arbeit ist ganz und gar abhängig davon, inwieweit es den Kollegen gelingt, über eine Woche hinweg (oder zwei) sich mit dem Kind tatsächlich zu beschäftigen, d. h. die Aufmerksamkeit aufrechtzuerhalten. Nur wenn das gelingt, macht eine mehrteilige Besprechung Sinn. Es ist aber tatsächlich meistens so, dass es bei den herrschenden Verhältnissen sehr schwer ist, die Gedanken an ein Kind durch eine ganze Woche mitzutragen. Gelingt diese die Anknüpfung voraussetzende Vorgehensweise jedoch nicht, so kann man erleben, dass bei der nach einer Woche stattfindenden zweiten Besprechung das Bild weit weg ist und man eigentlich von vorne anfangen muss. Ich empfehle daher, eine Kinderbetrachtung in einem Zuge, d. h. in einem Zeitraum von ungefähr fünfviertel Stunden durchzuführen. Das ist auch eine Übung der **Geistesgegenwart.** Oft wird gesagt, es solle eine Nacht dazwischen liegen, zeigt die Erfahrung, dass dieser Gedanke zwar richtig ist (man muss dann allerdings auch etwas tun, nicht nur schlafen), dennoch soll hier doch auf die Qualität des Momentes im Kreis der Kollegen hingewiesen werden. Hat ein Lehrerkreis sich eine gewisse Übung in der Kinderbetrachtung erworben, wird er auch die Erfahrung gemacht haben, dass es Momente gibt, in denen sich das Geschehen wie verdichtet, in denen mehr Realität im Raum ist als sonst.

5. *Die Rolle der Eltern*

Es wird häufig gefragt, ob die **Eltern** des betreffenden Kindes bei der Kinderbesprechung anwesend sein sollen. Wenn die Schule sich dahin entwickeln kann, dass die Eltern die Besprechung mitmachen können, ist das gut. Es hängt aber von dem ganzen Klima in der Schule ab. Wie verhält sich der Schulorganismus gegenüber den Eltern? Ist da grundsätzlich eine offene Haltung zwischen den Beteiligten? Oder gibt es Berührungsängste, unausgesprochene Spannungen? Aus diesen Faktoren setzt sich die Antwort auf diese Frage zusammen. Auf jeden Fall sollte die Betrachtung so verlaufen, *als wären* die Eltern dabei.

Die Eltern sollten immer **zuvor gefragt werden**, ob es ihnen recht ist, dass ihr Kind in der Konferenz besprochen wird. (Außerdem wird der Klassenlehrer oder der Schularzt in der Regel das Bedürfnis haben, zuvor mit den Eltern zu sprechen.) Man beschäftigt sich für einige Zeit eingehend mit einem Kind. Es gehört zum moralischen Takt, dass Eltern das wissen und bejahen können, denn es soll ja dem Kind zugutekommen. Da es sehr verschiedene Umstände gibt in Bezug auf die Beziehungen zur Elternschaft, soll das hier Dargestellte immer auch diesen Umständen entsprechend gedeutet werden. Es sind alles Fragen des sozialen Taktes.

6. Zur inneren Haltung bei der Kinder- bzw. Schülerbesprechung

Hinzugefügt seien noch einige eher hygienische Bemerkungen: Was in der Kinderbesprechung besprochen wird, soll mit der größtmöglichen Verantwortung dem Kind bzw. dem Schüler gegenüber gesagt werden, **so, als wenn es bzw. er dabei wäre**. Ein Lehrer, der bei einer solchen Besprechung seinen Affekten freien Lauf lässt, sollte besser schweigen. Des Weiteren ist es ja selbstverständlich, dass das Besprochene nicht in der Kaffeepause weiter diskutiert wird. Der Zeitraum der Kinderbesprechung muss ‹heilig› gehalten werden.

7. Der Umgang mit den Ergebnissen der Kinder- bzw. Schülerbetrachtung

Ein Lehrerkollegium hilft, sich selber ernst zu nehmen, wenn es einen Kollegen bittet, die **Ergebnisse** der Besprechung schriftlich festzuhalten. Wenn dann nach einigen Wochen zurückgeblickt wird und die Ergebnisse (die ja aus Aufgaben für die Kollegen bestehen) vorgetragen werden, kann man zweierlei überprüfen: ist getan, was man sich vorgenommen hatte, und hat es gut auf das Kind gewirkt? Dieser kurze Rückblick ist ein Moment des Lernens für alle Beteiligten. Haben wir das Verabredete getan und hat es gewirkt? Wenn nicht, was und wo ist etwas falsch gelaufen? Ein solcher Rückblick ist ein Instrument der Qualitätsbestimmung.

8. Geistesgegenwärtigkeit

Abschließend sei noch auf das Hören und Sprechen hingewiesen. Beides braucht in der Kinder- und Schülerbetrachtung eine besondere Pflege. Man kann unter Kollegen eine bestimmte Polarität beobachten: Kollegen, die nie etwas sagen, und Kollegen, die immer etwas sagen. Für die Schülerbetrachtung braucht es ganz besonders die Ausbildung des Gefühls für den **richtigen Moment** des eigenen Beitrages. Ist dieser jetzt am Platz oder eben nicht? Ist der eigene Beitrag der Sache dienlich oder muss ich einfach nur was «loswerden»? Ähnliches gilt für das Hören. Es gibt ein sehr intensives Zuhören, bei dem man in der Sache voll engagiert ist; es gibt aber auch ein Schweigen, das Ausdruck eines bereits vollzogenen inneren Abschieds ist. Ist Letzteres der Fall, breitet sich im Kreise der versammelten Kollegen ein toter Punkt aus.

IV. Der Verlauf einer Kinder- bzw. Schülerbetrachtung

Nachdem wir die oben charakterisierten Grundvoraussetzungen betrachtet haben, wollen wir dem Verlauf einer Kinderbesprechung – auch Kinderkonferenz oder Schülerbetrachtung genannt – nachgehen. An dieser Stelle sei noch einmal ausdrücklich betont, dass eine Kinderbetrachtung *nicht* formalisiert werden sollte. Es mag erstaunlich klingen, aber jedes Kind schafft sich die Form, die es braucht. Jede starre Abwicklung eines vorgegebenen Programms oder Protokolls wäre daher dem Wesen der Sache fremd und abträglich. Ja es würden geradezu die schöpferischen Möglichkeiten, jeden Schüler wieder neu zu sehen, abgelähmt und verhindert werden.

Jeder, der die Kunst der Kinderbetrachtung praktiziert hat, erlebt, dass sich auch hier wie von selbst ein Dreischritt ergibt. Um nicht unnötig auf medizinische Begriffe zurückzugreifen, können die drei Schritte folgendermaßen benannt werden:

1. **Bild schaffen,** 2. **Ursachen finden,** 3. **Hilfestellungen finden.**

Man kann natürlich auch andere Ausdrücke dafür verwenden.

1. Das Bild schaffen

Wie kann man sich ein Bild des Kindes bzw. Schülers schaffen, wie kann eine solche Bildgestaltung geschehen? Es kann der betreffende Klassenlehrer z. B. in der Konferenz vor der eigentlichen Kinderbesprechung (also eine Woche vorher) ankündigen, dass er in der nächsten Konferenz dieses Kind besprechen möchte. Es liegen seiner Initiative Fragen zugrunde, die er nicht alleine lösen kann. Diese Vorankündigung braucht nicht mehr als fünf Minuten zu dauern. Im Vorfeld hat idealerweise der (eventuell anwesende) Schularzt das Kind aus seiner ärztlichen Warte untersucht; zudem hat der Klassenlehrer mit den Eltern gesprochen. Kollegen, die nicht in der Klasse des betreffenden Kindes unterrichten, haben so Gelegenheit, das Kind im Laufe der Woche in den Pausen auf dem Schulhof wahrzunehmen. Auch hier stellt sich sogleich die Taktfrage. Wie beobachte ich einen Schüler, ein Kind, einen Mitmenschen so, dass ich ‹rein› bleibe, dass der Gebrauch der Sinne nur für die Sache, zum Lernen, im Sinne einer positiven Weiterentwicklung des Kindes bzw. Schülers verwendet wird und nicht zum persönlichen Erleben oder, noch schlimmer, Urteilen? Das aus einer nicht empathischen, kühl untersuchenden Haltung resultierende ausforschende Wahrnehmen *kann* einer Beleidigung der Person gleichkommen, wenn es nicht ganz im Dienste der Intention, durch Verstehen zu helfen, steht. An dieser Stelle ist starker moralischer Takt gefragt.

Mit diesen während der Woche erfolgten Wahrnehmungen der Kollegen im Hintergrund beginnt dann in der darauffolgenden Woche die Konferenz, in deren Mittelpunkt die Kinderbetrachtung steht. Zu Beginn schildert der Klassenlehrer das Kind so knapp wie möglich. Es ist dabei eine Hilfe, wenn man die Schilderung in zwei Bereiche, erstens in eine Beschreibung der **Raumgestalt** und zweitens der **Zeitgestalt** des Schülers gliedert.

Zur Raumgestalt

Wie sieht das Kind aus? Wenn man es sehen könnte, was fiele einem dann besonders auf? Zeigt seine Gestalt etwas, das gerade bei diesem Kind einzigartig ist? Ist seine Gestalt groß, sportlich oder eher zart, schlank oder sogar dünn? Ist die Gestalt dagegen kräftig, stämmig, eher klein und/oder vielleicht sogar gedrungen? Ist der Körperbau im Verhältnis zum Gesamteindruck ausgewogen, harmonisch? Wie ‹sitzt› der Kopf auf dem Rumpf, leicht und wendig oder wie aufgepfropft mit einem kurzen Hals? Sind die Gliedmaßen im Verhältnis zum Rumpf lang oder kurz?

Betrachten wir zunächst den Kopf. Wie drückt sich in ihm die Dreigliedrigkeit von Stirnpartie, Nasen-Augenpartie und Kinnpartie aus? Ist die Kinnpartie das Hervortretende, oder ist es eher die Nasen- und Augenpartie? Was drückt die Stirn aus?

Bei dieser Phase der Betrachtung geht es vorerst um einen Gesamteindruck; wie steht dieses Menschenkind in der Welt?

Zur Zeitgestalt

Der Blick auf die Zeitgestalt richtet die Aufmerksamkeit auf den Werdegang des Kindes. Wie verlief sein Leben bis jetzt? Was hat es in den wenigen Jahren schon alles erlebt oder durchgemacht? Wie verhält es sich, was sind seine Fähigkeiten, seine Gewohnheiten? Hat es eine bemerkenswerte Bewegungsgestalt? Wie ist der Gang dieses Kindes, dieses Schülers? Wie tritt es auf? Schwer oder leicht? Stampft es auf den Boden im Gehen oder berührt es kaum die Erde? Tritt zuerst die Ferse energisch auf die Erde, oder geht das Kind wie schwebend, auf den Zehenspitzen? Sind die Bewegungen ‹eckig› oder fließend. Was spricht sich in dem Lebenslauf des Kindes bis zum jetzigen Zeitpunkt aus?

Es gibt Kinder, die bis zu ihrem Auszug von zu Hause im gleichen Haus, am gleichen Wohnort leben. Andere sind erst zehn Jahre alt und bereits fünf Mal umgezogen. Wie ist die Familienkonstellation? Ist es das erste, zweite, das mittlere oder das letzte Kind in der Familie? (Es macht übrigens Sinn, diesen Gesichtspunkt auch einmal für den Klassenzusammenhang zu betrachten. Ist die Schülerzahl diesbezüglich durchmischt, oder sind es viele erste, jüngste oder gerade mittlere Kinder, die zahlenmäßig dominieren?)

Zur Betrachtung der Zeitgestalt gehört auch, dass man sich ein Bild von der Gesundheit des Kindes oder Schülers macht. Gibt es einen Schularzt, so wird dieser Teil der Betrachtung von ihm übernommen. Man kann sich aber auch ohne Schularzt ein Bild über die Gesundheitssituation verschaffen. Ist dieses Kind häufiger oder nur sehr selten krank, und wenn das Erstere der Fall ist, um welche Krankheiten handelt es sich? Hat der Schüler schon viele Unfälle gehabt und sich dabei auch Gliedmaßen gebrochen? Es entsteht ein ganz anderes Bild, ob ein Kind oft Schnupfen und Ohrenentzündung hat oder sich stattdessen ein Bein und/oder einen Arm gebrochen hat. Chronische oder akute Krankheiten geben wiederum eine andere Charakteristik. Im Hinblick auf die Frage der Gesundheit ist es immer auch sinnvoll zu fragen, wie das Kind schläft. Liegen Schlafstörungen vor? Schläft es schlecht ein und erwacht am Morgen schwer?

Etwas über die Leistungen des Schülers

Im Zusammenhang mit dieser ersten Phase der Bildgestaltung hat sich bewährt, dass man auch sachlich auf die Leistungen und Fähigkeiten des Kindes schaut. Man bespricht beispielsweise einen Drittklässler. In diesem Fall könnte man folgende Fragen stellen: Kann er lesen, schreiben? Wie sieht die Rechtschreibung aus? Welche Gestaltung zeigt seine Handschrift? Zeigt sich das Schriftbild verkrampft oder zu locker, gut geformt oder überformt oder ist es nur schwach geformt? Die Handschrift offenbart erstaunlich viel über den Schüler, nicht nur in Bezug auf das Temperament.

Weitere Fragen könnten sein: Wie steht es mit dem Rechnen, mit der Mathematik, welche Fähigkeiten zeigt der Schüler im Zeichnen und Malen? Was kann das Kind in den Fremdsprachen, in Handarbeit, Werken und Eurythmie, was sagen die Turnlehrer, was der Musiklehrer? Neben der **Raumes- und Zeitgestalt** sollte auch ein **Leistungsbild** erscheinen.

Die abschließende Bildgestaltung – der Weg zum Symptom

Die drei Schichten der Betrachtung verdichten sich nach und nach zu einem allgemeinen Bilde: **so ist dieses Kind, so sieht dieser Schüler aus.** Ist man in der Betrachtung so weit vorgedrungen, so sollte man auf die Ausgangsfrage zurückkommen: Was war der Anlass, sich mit diesem Kind bzw. diesem Schüler zu beschäftigen? Es ist zur allgemeinen Orientierung sehr wichtig, dass alle Teilnehmer der Schülerbesprechung hören, mit welcher **Frage** der Kollege im Hinblick auf den besprochenen Schüler lebt.

Was die Dauer dieser ersten Phase der Schülerbetrachtung anbetrifft, ist es gar keine schlechte Übung oder gar eine Beeinträchtigung der Redefreiheit, wenn der Klassenlehrer versucht, das Ganze in einer Viertelstunde darzustellen. Konzentration wirkt hier erfrischend und ist dem weiteren Verlauf förderlich.

Nach der Darstellung des Kindes bzw. Schülers kann der vorher bestimmte Gesprächsleiter das Gespräch zunächst für die Runde der Kollegen öffnen, die das Kind unterrichten. Sinnvoll kann hier der einleitende Hinweis sein, dass es nicht nötig sei, schon Dargestelltes aus dem Bereich der eigenen Erfahrung zu wiederholen. Wenn hier z. B. der Fachlehrer berichtet, er habe dieselbe Erfahrung im Unterricht gemacht wie der Klassenlehrer, ist man genügend informiert. Nun kann ggf. der Schularzt noch Medizinisches hinzufügen, wenn bei dem betreffenden Kind schon eine Krankengeschichte oder eine andere Besonderheit vorliegt. Hat es beispielsweise schon schwere Krankheiten durchgemacht, ist es im Krankenhaus gewesen? Bei all diesen Fakten ist es immer hilfreich, wenn bei einem Ereignis das entsprechende Alter des Kindes mitgenannt wird.

Auch hier soll noch einmal ausdrücklich darauf hingewiesen werden, dass es der Kinderbesprechung sehr zuträglich ist, wenn tatsächlich das Bild, wie oben schon erwähnt, ‹rein› gehalten wird. Das bedeutet, dass bis hierhin *auf jede Meinung oder Interpretation verzichtet wird.* Diese Bedingung herzustellen ist eine Aufgabe des Kollegiums, auf die insbesondere auch der Gesprächsleiter besonders aufmerksam ist. – So rundet sich allmählich das Bild des Kindes bzw. Schülers ab.

Phänomen und Symptom

Während dieser Phase der Bildgestaltung kann der Zuhörer etwas Merkwürdiges an sich beobachten. Wir hören den Beschreibungen zu und versuchen dem Gesagten ganz ohne eine eigene Meinung zu begegnen und versuchen dabei so konkret zu hören, dass wir uns ganz in das Kind oder den Schüler einfühlen. Auch wenn man dieser Anforderung gerecht wird, kann man in sich eine leise Unruhe bemerken: Ist das, was ich höre, wesentlich für das Kind oder hat es für es kaum eine Bedeutung? Weist ein bestimmtes Detail in der Schilderung auf das Wesen des Kindes hin oder bleibt es nur so an der Oberfläche? Die Schilderung soll uns ja die **Phänomene** zeigen. Dennoch rührt sich irgendwo in uns etwas, was nach Beschreibungen sucht, die uns für das Rätsel des Kindes hellhörig machen. Wenn beispielsweise eine Hand oder die Stimme oder eine Haltung beschrieben werden, *kann* das eine das Rätsel des Kindes auflösende Bedeutung haben, muss es aber nicht. So gestaltet sich die Suche im Verlauf der Bildgestaltung nach etwas Bestimmtem, ganz Spezifischem und Einzigartigem, das wir hier das **Symptomatische** nennen wollen. Gerade dieses leise innere Suchen nach etwas, was aussagekräftig wie ein Schlüssel zum Verständnis des Kindes bzw. Schülers wird, kann das Interesse an dem Gesagten gewaltig steigern.

Man hilft sich in dieser Phase der Betrachtung sehr, wenn man versucht, die Phänomene aufeinander zu beziehen. So kann sich zum Beispiel die Frage ergeben: Hat das Sich-nicht-interessieren-Können des Kindes für den Lehrstoff vielleicht einen Zusammenhang mit seinen ständig kalten Händen?

Hier stellt sich die wichtige Frage: Was ist nun der Unterschied zwischen dem **Phänomen** und dem **Symptom**? Um dies näher zu erläutern, sei ein kurzes Beispiel eingefügt: Jeder Mensch hat Ohren. Wir betrachten ein Ohr und sehen, es gehört zu einem bestimmten Menschen. Das Ohr ist hier das **Phänomen**. Wir betrachten also das Ohr eines Schülers. Wir sehen ein Ohr mit einem großen oberen Bogen, mit einem feinen, leicht gewölbten, runden und außergewöhnlich reich plastizierten Mittelteil, das eine große Ohröffnung umgibt. Der untere Bereich des Ohrs ist ein wenig verkümmert, als ob an dieser Stelle ‹vergessen› wurde zu plastizieren. Wird nun ein Schüler besprochen, der herausragende intellektuelle und soziale Fähigkeiten zeigt, der sich aber nur schwer durchsetzen kann, dann finden wir das wie bildhaft in seinem Ohr ausgedrückt. Das Ohr *kann* als ein Bild für das Ganze seiner Veranlagungen angeschaut werden.

An dieser Stelle können sich leicht Missverständnisse ergeben: Was hier *nicht* gemeint ist, ist die fatale Betrachtungsweise, die immer wieder in der forensischen Psychologie praktiziert wird, und die vor allem in den Rassentheorien der Nationalsozialisten schrecklich gewütet hat, um anhand äußerer, körperlicher Merkmale des Menschen auf sein Inneres zu schließen. Das Beispiel mit dem Ohr zeigt diese Gefahr eines solchen Abweges. Wird die Gestalt des Ohres gemäß einer Theorie interpretiert, dann liegt man, was die Intention einer Kinder- und Schülerbetrachtung betrifft, falsch. Ich habe in den vielen Jahren meiner pädagogischen Praxis genauso viele Ohren gesehen, die nicht Ausdruck einer *Veranlagung* der Seelenkräfte waren, wie umgekehrt, es gilt hier also das Sowohl-als-auch. Ob nun eine physiologisch vorhandene Veranlagung sich als Realität auswirken kann, steht auf einem anderen Blatt. Ein anderes markantes Beispiel: Zahnärzte gehen von der Annahme aus, dass der Stand des Oberkiefers zum Unterkiefer (idealerweise kommt ein ‹schließender› Biss zustande; gibt es einen Überbiss oder passen die zwei Reihen der Zahnstände überhaupt nicht aufeinander) ein Ausdruck dafür sei, wie sich oberer und unterer Mensch zueinander verhalten. Harmonisiert das Geistig-Seelische des Menschen mit dem Ätherisch-Leiblichen, so stimmt der Biss überein. Man kann hier festhalten, dass der Zahnstand ein aussagekräftiger Faktor sein *kann*. Dies allerdings nur unter der Bedingung, dass im ganzen Konzert der Wahrnehmungen sich ein Evidenzerlebnis einstellt. Alles ist geprägt vom subtilen Wahrnehmen und Denken, das sich um größtmögliche intellektuelle und interpretatorische Reinheit bemüht. Die Beobachtung bestimmter körperlicher und seelischer Eigenschaften hat nie einen klassifizierenden oder gar wertenden Charakter, sondern sie dient einer beweglichen Bildgestaltung des sich in Entwicklung befindlichen Menschen. Hier sind keine definitorischen Begriffe sinnvoll, sondern bewegliche Begriffe, die gleichsam mit der fortwährenden Beobachtung im pädagogischen Prozess «mitwachsen».

Anders ausgedrückt: In einem **Symptom** haben wir ein Tor, einen Zugang zu einem *möglichen* Verständnis des Wesens.

Hier wurde das Ohr als ein mögliches Beispiel aufgeführt, es ist jedoch selbstverständlich, dass auch andere Merkmale des Menschen in der Betrachtung eine aufschlussreiche Idee ‹wecken› können. Gerade dieses Suchen nach charakteristischen, sprechenden Anhaltspunkten, um das Wesen des Schülers zu entschlüsseln, ist eine Tätigkeit, die sich während des ersten Teiles der Kinderbesprechung äußerlich unbemerkt im Zuhörer, im Kreis der Gemeinschaft vollzieht. Gerade dieses gemeinsame Suchen ist der Beginn für das Zustandekommen der Besprechung aus der Kraft der Gemeinschaft, in der die Zuhörer ebenso aktiv sind wie die darstellenden Kollegen.

An dieser Stelle sei noch auf das Folgende hingewiesen. Die Erfahrung zeigt, dass der erste Teil der Kinderbetrachtung leicht die Neigung hat auszuufern. Das ist nicht überraschend, denn gerade der erste Teil ist ja der, der sich auf tatsächliche Erfahrungen abstützen kann, und diese teilt man naturgemäß gerne mit.

Um den ersten Teil gut zu greifen, ist es hilfreich, wenn der betreffende Lehrer für die Schülerbetrachtung einige Arbeiten des Schülers mitbringt. Das Betrachten der Handschrift, von (Formen-)Zeichnungen und Malarbeiten, Epochenheften, Handarbeiten ist aussagekräftig für einen Teil des Wesens des Schülers: Die genannten Arbeiten verraten uns durch ihren **Ausdruck** etwas über die *Beschaffenheit des Ätherleibes*. Ob er kräftig und stark ist, ob er weich ist und noch wenig geformt. Die Handschrift und die Handarbeiten betrachte man auch unter dem Gesichtspunkte des Temperamentes. Welches Temperament zeigt sich? Schauen wir auf die Malarbeiten eines Schülers, offenbart sich ein Teil seiner Seele. Ist sie farbig, blässlich, kontrastreich, leuchtend? Da spürt man Gewordenes und Zukünftiges.

Einige Photos, wenn möglich aus verschiedenen Altersstufen des Schülers, können die Betrachtung sinnvoll abrunden.

Der Gesprächsleiter hat nun am Ende der Bildgestaltung die Aufgabe, das Gespräch zum nächsten Schritt zu führen. Gerade dies ist nicht immer leicht, denn im Allgemeinen verweilt man gerne bei den Wahrnehmungen; sie bieten Halt und sind endlos ausdehnbar. Hier soll allerdings ausdrücklich bemerkt werden, dass dieser erste Schritt *nicht* vollständig zu sein braucht. Denn nach wenigen, richtig gegriffenen Darstellungen kann sich das *Gesamtbild* schon ankündigen.

2. Die Ursachen erforschen

Der Gesprächsleiter wird zu Beginn dieser Phase der Kinder- bzw. Schülerbetrachtung die Frage stellen, was uns das Beschriebene sagt, was wir dadurch über das Kind, den Schüler lernen, was uns verständlich geworden ist.

Man wird nun bald bemerken, dass in dieser Phase der Betrachtung die Tendenz vorherrscht, die Beschreibungen des Kindes bzw. des Schülers fortzusetzen. Ja sogar, dass eine versuchsweise gegebene Antwort auf die oben gestellte Frage die Mitteilung neuer Wahrnehmungen durch den ein oder anderen Kollegen nach sich zieht. So kommt man in dieser Phase der Kinderbesprechung allerdings nicht weiter. Wir müssen auf jeden Fall davon ausgehen, dass in dem beschriebenen Bild keine Vollständigkeit erreicht werden konnte, ja auch nicht erreicht werden sollte. Diese Einsicht ist zentral, denn nur so kann der Übergang zum nächsten Schritt gefunden werden. Treten nun «Rückfälle» in die erste Phase der Bildgestaltung auf, so sollte der Gesprächsleiter darauf hinweisen, dass die Darstellungen des ersten Teils bereits abgeschlossen wurden.

In dieser Phase der Kinderbesprechung ergibt sich eine bemerkenswerte innere Tatsache: Man erlebt sich auf einmal wie verloren, der sichere Boden des Mitteilbaren wurde verlassen und man begibt sich nun in ein Gebiet, das wenig äußere Sicherheit bietet: **das Gebiet der Ursachen.**

Es ist an dieser Stelle sehr wichtig, diesen Übergang in eine vollständig neue Sphäre **richtig** zu empfinden. Das Stocken des Gesprächs und möglicherweise das Gefühl einer zunächst unerklärlichen Ohnmacht an dieser Stelle bedeuten **keine** Schwäche des Kollegiums, sondern diese Empfindung markiert vielmehr den Übergang in ein neues Gebiet mit ganz anderen Erkenntnisanforderungen und anderen Fähigkeiten. Es kann sein, dass es nun in dieser Phase der Betrachtung zunächst still wird, keiner der Kollegen mehr etwas zu sagen hat.

Nun kann der Gesprächsleiter seine Ausgangsfrage wiederholen. Die Kollegen geben sich an dieser Stelle den inneren Freiraum, sich auf das neue Gebiet einzustimmen, die Welt der Ursachen allmählich abzutasten. Lässt sich in dem bisher Dargestellten etwas finden, das auf die Frage nach den Ursachen der Phänomene hinweist? Wir können nun bemerken, wie anders das Terrain ist, auf dem wir uns nun bewegen. Das reiche Feld der Wahrnehmung ist verschwunden, nun steht etwas ganz anderes an: Ein Kollege versucht hier nun möglicherweise eine erste Antwort und schlägt folgende Überlegung vor: «Vielleicht sehen wir hier, wie der Ich-Organismus nicht ganz in die Sinnessphäre hereinkommt oder sich ein wenig daraus zurückgezogen hat.» (Diese Überlegung bezieht sich auf die Besprechung eines Mädchens – altersmäßig in der zweiten Hälfte der vierten Klasse angesiedelt –, das auf einmal kurzsichtig geworden ist und deshalb eine Brille trägt. Seitdem interessiert sie sich für nichts mehr. Sie erscheint sogar ein wenig dumm, obwohl sie früher immer als eine sehr aufgeweckte, fröhliche Schülerin galt.) Die Überlegung des Kollegen fordert nun den Kreis heraus, diesen Gedanken zu bewegen. Finden wir aus dem Dargestellten weitere Anhaltspunkte, die in dieselbe Richtung weisen?

Der Gesprächsleiter hat jetzt die anspruchsvolle Aufgabe, den angebotenen Faden im Gespräch festzuhalten, *ohne* das Erscheinen eines anderen Gedankens unmöglich zu machen. Das erfordert eine große Empfindsamkeit, denn jetzt können zwei Dinge auftreten: Die vorgeschlagene Überlegung erweist sich entweder als richtig oder als falsch. Wenn sie sich als falsch erweisen sollte, wird sich dieser oder jener Kollege aufgefordert fühlen, einen anderen Weg zu eröffnen. Wie merkt man aber, ob etwas «stimmt»? Der Gradmesser dafür ist ein feines Empfinden, ein Gefühl dafür, ob man auf dem richtigen Weg ist, oder aber: man spürt plötzlich, dass man das Kind während des Gespräches allmählich «verliert». Die Betrachtung wird dann abstrakt, und es zeigt sich, dass man den Kontakt mit einer seelischen Wirklichkeit, die zwischen den Teilnehmern waltet, verloren hat. Auch diese Wahrnehmung bedeutet im Prozess der Kinderbetrachtung nicht unbedingt einen «Fehler». Wichtiger ist hier, dass man auf die feineren Vorgänge, die sich nur *in* uns vollziehen und wie eine Stimmung *zwischen* den Kollegen weben, achtet und sich ihrer bewusst wird. Nüchterner kann man die Frage auch so formulieren: Stellt sich im Kreis der Teilnehmer ein **Gefühl der Evidenz** ein oder eher nicht?

So kann uns dieser zweite Schritt schnell zum Erahnen des Wesens des Kindes, wie es sich jetzt offenbart, und zu einem Verständnis seines Seins führen. Es kann sich allerdings auch ein längerer Weg des Tastens ergeben. Schließlich kann es auch vorkommen, dass man zugeben muss, dass die Besprechung nicht zum Ziel geführt hat. Man konnte zu keinem eindeutigen Bild kommen und muss es nun in einer neuen Besprechung noch einmal versuchen. Die letzte hier skizzierte Möglichkeit muss man allerdings nicht negativ deuten, denn sie ist ein Lernschritt.

Es kann an dieser Stelle aber auch das Bedürfnis auftreten, gleich weiterzumachen, da die Probleme des Kindes dringender Natur sind. Wenn nun die erste Phase zu keinem eindeutigen Bild geführt hat, so kann noch ein anderer Weg eingeschlagen werden.

Eine weitere Möglichkeit, die Ursachen zu erkennen: Der Blick auf die ätherische und die seelische Wesenheit des Schülers

Es gibt nun aber statt des oben skizzierten noch einen sichereren Weg zum Verstehen des werdenden Menschen: Wenn man sich zu Beginn des zweiten Teiles der Besprechung auf das *ätherische* und *seelische* Erscheinungsbild des Kindes oder Schülers konzentriert, hat man einen ziemlich eindeutigen Zugang zum Verständnis der Ursachen, aus denen die Phänomene hervortreten. Geht man so vor, differenziert sich das Bild leichter gemäß den individuellen Gegebenheiten. Dieser Weg kann folgendermaßen eingeschlagen werden:

Wir haben im ersten Teil der Betrachtung das *Erscheinungsbild* des Kindes aufgebaut. Von dort aus kann nun die Brücke zum zweiten Teil der Betrachtung geschlagen werden: der Frage nach der *ätherischen* und *seelischen (astralischen*) Konfiguration. Wie aber erkennt man nun die *ätherische* Verfasstheit eines Menschen?

a) Ausdruck des Ätherischen im Physischen ist alles, was der Schüler / die Schülerin an Bildhaftem hervorbringt: Die leitenden Fragen für die Erkenntnis dieser Wesensschicht können dabei folgende sein:

Wie zeichnet, wie malt das Kind?
Was drückt die Handschrift aus?
Welchen Charakter haben die Formenzeichnungen?
Wie ist ein Heft oder Epochenheft geführt?

Die Betrachtung dieser Arbeiten und besonders der sich darin aussprechende Ausdruck erweckt im Betrachter ein *ahnendes* Verständnis. Ist die Linienführung gegriffen? Ist sie stark oder unsicher? Zeigt die Formenzeichnung, dass die Aufgabe erfasst und zu einer klaren Form gestaltet wurde, oder bleibt die Zeichnung ‹verwischt›, bleibt es bei einem gar unfertigen Versuch? Auch die freien Zeichnungen des Kindes oder Schülers offenbaren, wie die *Formkräfte* beherrscht werden können. Fragen können hier z. B. folgende sein: Drückt eine Zeichnung das aus, was beabsichtigt war, ist ein gewisser gestalterischer Reichtum zu sehen oder bleibt die Darstellung ‹mager›, wird nur minimal verwirklicht? Wie ergreift der Schüler den Raum des Blattes, wie gestaltet er die Einteilung, ist alles auf der untersten Linie angeordnet oder ist die Fläche ausgenützt? Auch die Führung eines Epochenheftes kann über die Fähigkeit zur Selbstorganisation beim Gestalten aussagekräftig sein.

Man beachte, dass in all diesen Äußerungen auch das Temperament mitspielt, denn dieses ist ja im Ätherischen beheimatet. Dann muss man bei diesem Teil der *interpretierenden Betrachtung* immer auch das Alter des betreffenden Kindes oder Schülers im Auge behalten. Fähigkeiten sind auch an die Altersstufe gebunden.

b) Ausdruck des Ätherleibes im Sinnlichen sind die Fähigkeiten der Gedächtnis- und Vorstellungsbildung, das Denkvermögen überhaupt sowie das Fassen von Begriffen:

Nicht umsonst nennt Steiner den Ätherleib auch den ‹Lernleib›. Später in der Schülerbetrachtung wird sich zeigen, wie sich diese Erörterung Steiner als hilfreich erweist. Wir schauen auf diesen Zusammenhang – nicht um die Intelligenz des Kindes zu erfassen, sondern vielmehr darauf, wie sich die intelligenten Fähigkeiten als Ausdruck des Ätherleibes im Physischen in die Leiblichkeit einleben. Hier richtet sich unsere Aufmerksamkeit auf die *Lernleistungen*. Was leistet der Schüler im Unterricht oder auch zu Hause? Wie sind seine Lesefähigkeiten, wie steht es mit dem Rechnen, den Fremdsprachen, der Gedächtnis- und Erinnerungsfähigkeit? Wie gestaltet sich hier der Eindruck, den man von dem Schüler hat, was ergibt sich als inneres Bild? Die eher oberflächliche Frage, ob ein Schüler ‹gut› ist oder ‹schwach›, gehört hier nicht zum Thema, sondern wir versuchen der tiefer liegenden Frage nachzugehen, wie das Nerven-Sinnes-Leben sich aus den ätherischen Kräften nährt.

Jetzt gehen wir der Frage nach, wie das Seelische (der Astralleib) sich in die Leiblichkeit ein- und auslebt. Wie äußert sich die Seele in dieser Wesensschicht?

c) Ausdruck der Seele (Man kann auch sagen des Empfindungsleibes oder – zusammenfassend – des Astralleibes.) ist alles, was sich in der Sprachbetätigung, in der Farbgebung, im Musikalisch-Rhythmischen äußert:

Hilfreich für ein Erfassen dieser Ebene ist z. B. die Betrachtung von Nass-in-Nass-Malereien (vor allem, wenn sie nicht Figürliches, sondern nur Farbkompositionen darstellen). Hier kann man die Frage stellen:

Wie lebt das Kind in den Farben?
Was drückt sich aus?
Kann es sich durch die Farbe mitteilen,
kommt etwas Konkretes zustande
oder überwiegt der Eindruck des Zufälligen?

Man sollte auch die Stimme des Schülers «belauschen». Wie spricht er? Was für einen ‹Klang› hat seine Stimme, wie ist die Stimmmelodie, wie die Tonlage? Ist die Stimme wohlklingend oder rau und heiser? Das alles sind Indikationen für das ‹Bild› der Seele, wie sie sich in die Leiblichkeit einlebt.

Auch das Singen verdient Aufmerksamkeit. Schon die Tatsache, dass ein Kind oder Schüler ungehemmt singt oder mitsingen kann (noch ganz abgesehen von Begabungen), ist eine Aussage über das Verhältnis des Seelenleibes zum Leibe. Möchte ein Kind nicht singen oder kann es nicht singen, verweigert sich gar, so sollte uns diese Tatsache aufmerksam machen. Es steckt in der Regel kein ‹schlechter Wille› dahinter, sondern fast immer eine Hemmung der Seele, die sich auf diese Weise mitteilt.

d) Den Ausdruck der Seele in der Sichtbarkeit zeigt die Eurythmie.

Die Eurythmie verfolgt den Ansatz, eine Gebärde nicht nur physisch werden zu lassen, sondern ihr auch noch einen seelisch-geistigen Ausdruck zu verleihen. Dieser Ausdruck wird als Geste bezeichnet.

Es ist die Seele selbst, die diese Geste in die Bewegung hineinschickt. Nicht der Empfindungsleib, der etwas verinnerlicht, sondern bereits ein Seelisches, das sich mitteilt. Heute haben es Kinder und Schüler zunehmend schwer, sich auf diese Weise durch Gesten mitzuteilen. Was allerdings kein Argument gegen die Eurythmie, sondern eher ein Argument für sie ist, denn sie wurde gerade als Hilfe für die Seele gegeben, sich mitteilen zu lernen.

Nun gibt es Kinder und Schüler, die die Eurythmie

– wie z. B. auch das Singen – ganz natürlich handhaben können. Auch das ist eine Aussage über die ‹Verfügbarkeit› des Seelenanteils innerhalb der Erscheinung. Es gibt aber auch Kinder, für die die Eurythmie eine Herausforderung darstellt, sie «genieren» sich. Wenn bei solchen Schülern ein Ausdruck in der Gebärde vermieden wird, nicht zustande kommen kann, ist dies eine Indikation dafür, dass sie sich das entsprechende Seelenglied noch nicht richtig einverleiben konnten, wiederum: es ist kein ‹schlechter Wille›.

In manchen Schülerbetrachtungen wird zum Beispiel berichtet, die Kinder würden bei der morgendlichen Begrüßung den ‹Lehrer nicht ansehen (wollen)› oder, wenn sie sich etwas haben zuschulden kommen lassen, sich der Aussprache entziehen. Sie verleugnen die Tat oder ziehen sich ganz in sich selbst zurück. Auch beobachtet man bei anderen Gelegenheiten, dass in dem Falle, in dem Kinder oder Schüler beschuldigt werden, sie dann vorgeben, gar nichts zu wissen oder gar nicht zu wissen, ob sie es getan haben. Oft waren sie in solchen Fällen tatsächlich dabei, doch scheint keiner von ihnen mehr genau zu wissen, wer ‹es› wirklich getan hat.

Diese Beispiele zeigen uns, wie das Verhältnis von Ich und Seele einerseits und des Ätherisch-Physischen andererseits (noch) nicht richtig greift. In solchen Fällen hüte man sich davor, den Vorgang moralisch zu nehmen. Tatsächlich kann man ein solches Verhalten – meistens – nicht übel nehmen. Es ist durch die Konstitution bedingt. Da hilft nur der Umweg über die ‹sinnige Geschichte›, in der man das Geschehene in ein

Bild bringt und der Klassengemeinschaft erzählt. Die direkte Ansprache der Person ist in diesem Falle gar nicht sinnvoll.

Zusammenfassend kann man hier festhalten: Wenn wir uns ein Bild der *ätherischen* und *seelischen* Konfiguration des Kindes und des Schülers machen, gelingt uns der Weg in den zweiten Teil der Kinder- oder Schülerbetrachtung.

Die Notwendigkeit einer anderen Denkqualität im zweiten Teil

Vorhin haben wir die drei Schritte der Kinder- oder Schülerbetrachtung als erstens *Bild schaffend*, zweitens *Ursachen findend* und drittens *Hilfe gebend* charakterisiert. Wir können auch sagen, der erste Schritt bewegt sich in der Hauptsache im *vorstellenden Denken,* der zweite aber bewegt sich im *fühlenden Denken* oder *denkenden Fühlen* und ist ungleich zarterer Natur. In dieser Phase der Betrachtung braucht der Teilnehmer gleichzeitig auch einen gewissen Mut, mit dem zweiten Schritt zu beginnen, begibt man sich dort ja auf das Gebiet *nicht sinnlicher* Tatsachen.

Wenn das Wesen des Kindes oder des Schülers verstanden werden soll, braucht man das Rüstzeug von «jenseits der Schwelle» der sinnlichen Welt. Dessen sollten wir uns ständig bewusst sein, wenn wir über die Wesensglieder, den Ätherleib, den Empfindungsleib, die Empfindungsseele, den Astralleib und dergleichen sprechen. Verliert man das Bewusstsein dieser anderen

Sphäre, das Gefühl gegenüber dem Nicht-Sinnlichen, führt man das Gespräch über das Kind oder den Schüler wie über ein Ding. Die Betrachtung wird grob und äußerlich, und die Annäherung an das kindliche Wesen misslingt, es zieht sich zurück.

Es ist nun nicht leicht, diesen sensiblen und feinen Vorgang zu charakterisieren. Das Denken in der Phase des zweiten Schrittes muss seine ‹Eckigkeit› verlieren. Man sollte hier versuchen, *Beweglichkeit* und *Offenheit* in die Gedankenbewegungen hineinzubringen. Hat man beispielsweise zur Äußerung eines Kollegen in dieser Phase der Betrachtung eine andere Meinung, spricht den scheinbaren Irrtum direkt an und meint daraufhin womöglich noch richtigstellen zu müssen, wie es wirklich ist, zerstört man das empfindliche Gewebe der sich auf subtile Weise einstellenden Gedanken. Ein erster Schritt zu einem beweglichen Denken ist nämlich, dass wir *Gedanken nebeneinander stehen lassen* können. Die innere Dynamik des Gespräches und der wirklich beteiligten Kollegen wird schon dafür sorgen, dass Zutreffendes gefunden wird. (Ob man nun ausspricht: ‹der Kollege hat unrecht›, oder es «nur» denkt, ist nur ein gradueller Unterschied, die negative Wirkung ist identisch, dessen muss man sich bewusst sein.)

In der Kinderbetrachtung wird eine Gesprächskultur entwickelt und gebraucht, die andere Anforderungen an unser Denken, Zuhören, Schweigen und Sprechen stellt als im ‹normalen› Gesprächsaustausch:

- Beim *Denken* versuche man, ganz bei der Sache zu sein und nur daran zu denken. Man kann versuchen, die inneren Zügel so zu straffen, dass gedankliches Abschweifen mehr und mehr begrenzt wird. Je besser das gelingt, desto eher wird man gute Einfälle haben!

- Beim *Zuhören* ist es wesentlich, den ‹inneren Kommentator›, das ‹innere Radio›, sprich: das Gehörte mit Meinungen, abwägenden Überlegungen und Urteilen zu konfrontieren, abzustellen. (Nicht nur leise zu drehen.) Dabei kann helfen, nachzuspüren, was jemand wirklich sagen will, auch wenn er nicht die allergeschicktesten Formulierungen findet. (Ich habe öfter gehört, es gäbe Kollegen, die sich in der Konferenz gerade wegen der andauernd laufenden ‹Radios› grundsätzlich nicht mehr äußern (ob sie äußerlich hörbar sind oder nicht, ist auch hier nur ein gradueller Unterschied). Wenn Ängste dieser Art sich in einer Konferenz ablagern, hat die Schule ein Problem und Kinderbesprechungen werden nicht leicht möglich sein. Eine solche sensible Arbeitsform ist nur durchführbar, wenn im Kollegium sozialer Friede herrscht.
- Das richtige *Schweigen* ist auch eine ‹Kunst›. Jeder kennt die Erfahrung, dass jemand nichts sagt, weil er sich innerlich längst abgemeldet hat, aber aus Pflichtbewusstsein noch dasitzt. Ganz anders ist es, wenn jemand nichts sagt, aber man spürt, dass er ganz dabei ist. Man kann auch mitmachen, ohne etwas zu sagen, und man kann ebenfalls sehr aktiv sein, ohne sich zu äußern. Es ist gerade diese Haltung, die den Kreis zu einem echten Kreis macht, denn es können ja nicht alle zugleich sprechen.

– Was kann man beim ‹*Sprechen*› üben? Man kann sich z. B. die Frage stellen, wann der richtige Moment für den eigenen Beitrag ist. Dient es der Sache, wenn ich jetzt etwas sage? Oder ist das Sich-zu-Wort-Melden schon eine Gewohnheit, eine Art Reflex geworden, dem man nachgibt, auch wenn man noch nicht weiß, ob man etwas Wesentliches zu sagen hat. Eine gewisse Zurückhaltung ist hier übenswert. Vielleicht hat man sogar einmal die Erfahrung gemacht, dass ohne das eigene Votum auch das Richtige gefunden wurde.

An dieser Stelle soll aber noch eine weitere Bemerkung eingeschaltet werden, die uns helfen kann. Im charakterisierten zweiten Schritt kann etwas auftreten, das man als *assoziatives Psychologisieren* bezeichnen kann. (Beispiele: Das Kind ist so verschlossen, weil die Tante depressiv ist. Das Mädchen ist so vernarrt in Pferde, weil es der Liebe zu Hause entbehrt. Der Bub ist so unkonzentriert, weil seine Großmutter gestorben ist u. Ä. m.) Tatsächlich stellt sich diese Art des Psychologisierens als ein überflüssiger Umweg der Schülerbetrachtung dar, denn sie führt erfahrungsgemäß zu nichts. Es gibt für dergleichen Mutmaßungen keinen Boden, sie haben keine Realität, denn Großmütter sterben immer und das Vernarrtsein in Pferde ist für Mädchen in einem bestimmten Alter ganz normal. Das Tagesbewusstsein aber liebt das assoziative Denken, denn es stellt sich so leicht ein und kann auch noch originell wirken.

Es ist jedenfalls nicht leicht, die subtilen Beobachtungen und Wahrnehmungen in dieser Phase in Begriffe und Worte zu fassen. Ein Kollege kann plötzlich einen echten Einfall haben, der der Einsicht in das Wesen des Kindes oder Schülers weiterhilft. Aber auch einen solchen Vorgang muss man lernen wahrzunehmen. Alles in dieser Phase ist subtil.

Wohin wenden wir den Blick im zweiten Teil?

Ein Mensch kann nur wahrnehmen, wenn er die Idee des Objektes der Wahrnehmung schon in sich trägt. Ist das nicht der Fall, geht der Blick ins Leere. Wenn Wahr-nehmen heißt: Für-wahr-halten, dann ist das der Ausdruck für die Tatsache: die im Denken lebende Idee wird im Akt der Anschauung wahr.

Eine Kinder- oder Schülerbetrachtung läuft ins Leere, wenn sich der Kreis der Kollegen nicht auf die eine oder andere Weise – sei es individuell oder als Lehrergemeinschaft – *Gedankenbilder/Begriffe* angeeignet hat, die ‹sehend machen› und mit denen man den Menschen erkennen kann. Solche Bilder sind bedeutende *Hilfen* in diesem zweiten Schritt. Denn auch das in Rede stehende Kind wird nur für uns ‹wahr›, wenn wir seine Eigenart erkennen und dadurch sein Wesen verstehen lernen.

Solche erkennenden Gedankenbilder/Begriffe sind zum Beispiel:

- das Bild der *Temperamente*.
- das Bild *des dreigliedrigen Menschen (oberer, mittlerer, unterer Mensch)*.

- das Bild des *viergliedrigen Menschen.*
- die *Denkart des Menschen (oder auch groß-/kleinköpfige Veranlagung).*
- die *Phantasiebetätigung des Kindes (vorhanden oder nicht, dominierend?).*
- die *Interessenlage des Schülers (eher kosmisch [idealistisch] oder sachlich-orientiert [irdisch]?).*
- das Bild des *Selbst oder des Ich im Verhältnis zum Leib* (Ist dieses Verhältnis zu locker oder zu sehr im Leib befestigt?).
- sind *Verhaltensstörungen* wahrzunehmen wie ADHD, Autismus, Magersucht? (Wobei man bei diesen Bildern sehr aufpassen muss; sie sind vielgestaltig einerseits, anderseits legen sie den Fluss der Gedanken innerhalb der Kinderbesprechung oft zu sehr fest, wodurch dieser gehemmt werden, ja sogar erlahmen kann.)
- sind *Lernstörungen* vorhanden wie *Legasthenie, Dyskalkulie?* (Wobei dasselbe Problem wie bei den Verhaltensstörungen besteht.)
- Hilfreich ist das Bild, das man als Gesamteindruck vom Kinde bzw. Schüler erhält; ist dieser eher *hell, wach, zur Kühle* neigend oder eher *dunkel, warm.* (Mit diesem ‹Bild› erfasst man die Kinder oder Schüler, die früh schon bedeutende Wachheit, also Bewusstsein zeigen, ohne dass sie unbedingt ‹kopfig› erscheinen müssen.)

  Die Erfahrung zeigt, dass mit diesem Rüstzeug eigentlich alle Erscheinungsbilder der Kinder und Schüler heute verstanden werden können, wenn sie denn nicht definierend und festlegend, sondern beweglich und zum Individuellen hinführend eingesetzt werden.

In diesem Vorgehen liegt auch der Grund, warum man in der Kinder- und Schülerbetrachtung im pädagogischen Bereich *nicht* mit Strichlisten o. Ä. vorgeht. Wir haken nicht Wahrnehmungsfelder ab. Denn eine solche Betrachtungsweise birgt immer schon ein festgesetztes Ziel in sich und bietet keinen realen Aufschluss über den Schüler, dem man helfen will.

Man kommt im Verlauf der hier beschriebenen Kunst der Kinderbetrachtung immer mehr zu der Einsicht, dass der Schüler, das zu besprechende Kind selbst die Methode vorgibt. Das Kind ist der eigentliche Dirigent der Gedanken, nicht eine irgendwie vorgefertigte Liste von Punkten. Wenn es denn gelingt, sauber zu arbeiten und den Interpretationstrieb zu bändigen, kommt man in einen Zustand, den man im übertragenen Sinne so beschreiben könnte, dass man gleichsam «hört», was gesagt werden will.

Mit Fug und Recht kann man diese Arbeitsweise als eine starke Übung, zu beweglichen, lebendigen Gedanken zu kommen, betrachten. In diesem Felde der Arbeit ist alles Definitorische eine Verletzung des Vorgangs und damit auch eine Verletzung des Kindes oder des Schülers, das oder der besprochen wird. Gerät man in der Besprechung in die falsche Richtung, so bemerkt man, dass das im Geschehen zunehmende Verstehen des Kindes sich wieder schließt und man sich wieder weiter vom Ziel entfernt. Dann gilt es durch eine neue

Anstrengung wieder zu der ursprünglich intendierten Arbeitsweise zurückzufinden.

Ein besonderes Kapitel bildet das heute in den Schulen vermehrt vorkommende *Suchtverhalten*. Seien es *habituelle Süchte* (Computerspiele, unkontrollierte Teilnahme an sozialen Medien – auch Lehrer können daran leiden –, übertriebener Medienkonsum im Allgemeinen) oder seien es *Substanzsüchte* (Alkohol, Rauschmittel jeglicher Art). Wenn dieses Problem in einer Kinder- oder Schülerbetrachtung eine Rolle spielt, muss natürlich darauf geblickt werden. Es sollte dabei allerdings bedacht werden, dass bei diesem Thema eigentlich das ganze Schulklima, das ganze soziale Umfeld der Schule und der Schüler eine Rolle spielen und daher auch betrachtet werden sollten. Daher kann das Thema Suchtverhalten eine Schülerbetrachtung leicht sprengen, weswegen man für diese Themen ein eigenes Gesprächsforum einrichten sollte. Die Schule hat aber die Möglichkeit (und heute wohl auch die Aufgabe), eine kleine Gruppe von Kollegen damit zu beauftragen, dieses Feld verantwortungsvoll und mit verabredeten Befugnissen ausgestattet zu bearbeiten.

Man sollte aber nicht versäumen, im zweiten Teil der Schülerbetrachtung auch die *Temperamentsgrundlage* (die ja ein Teil des Ätherischen ist) zu beachten.

Das Temperament und der Schulalltag

Wer mit dem Thema Temperamente grundsätzliche Schwierigkeiten hat, gehe von der zu beobachtenden Polarität *innere Stärke – Sensibilität* aus.[20] Konkret gefasst, kann man fragen: Lebt ein Schüler mehr aus sich heraus, also von innen nach außen, oder mehr von seinen Erlebnissen aus, von außen nach innen? Im ersteren Fall hat man es mehr mit einem cholerischen (melancholischen) Temperament, im zweiten Fall mit dem sanguinischen (phlegmatischen) Temperament zu tun. Aber auch die Gestalt, ob sie großgewachsen erscheint, dünn oder gedrungen, ‹gestaucht›, und der Bewegungsgestus sind Hilfen zum Auffinden des Temperamentes. Um dies zu beobachten, schaue man sich einmal eine Turnstunde an. Wem das alles noch nicht hilft, für den kann folgende Anregung hilfreich sein: Steiner charakterisiert das Temperament als ein ‹Zwischending› zwischen dem oberen und dem unteren Menschen. Gerade aus dieser Perspektive gesehen spielt das Temperament eine viel wichtigere Rolle, als wir gemeinhin zu denken geneigt sind. Daher bedenke man einmal folgende Aussage Steiners:

«Sobald man das Temperament eines Kindes richtig beurteilen kann, kommt alles andere von selbst. Man müsste sich den Blick aneignen, dass man, wenn man den Namen aufruft, das Temperament im Klang der Stimme schon darin hat.»[21]

Uns diese Aussage vor Augen führend, können wir uns fragen, was Rudolf Steiner intendierte, indem er die Temperamente in die Waldorfpädagogik einführte. Sie sind heute sowohl für manchen Lehrer als auch für die Erziehungswissenschaft nach wie vor ein Stein des Anstoßes. Leider oft mit Recht.

Steiner hatte auf keinen Fall im Sinn, dass die Temperamente so verwendet werden würden, dass die Schüler damit etwa ‹etikettiert› werden würden; im Sinne eines du bist das und du bist das.

Es geht Steiner auch nicht um einen Neuaufguss der alten Säfte-Lehre des Galenos von Pergamon (eine Lehre, die sich übrigens bis in den Sprachgebrauch der Gegenwart erhalten hat). Es geht vielmehr um ein Instrument, das den Brückenschlag des Verstehens zwischen Schüler und Lehrer fördert. Ein Schüler hat das tiefe, unausgesprochene Bedürfnis, von seinen Lehrern erkannt und verstanden zu werden. Sage ich einem melancholischen Mädchen im vierten Schuljahr: «Jetzt sei doch mal fröhlich!!», dann wird es ganz bestimmt nicht fröhlich werden. Wahrscheinlich das Gegenteil. Teile ich aber beispielsweise vertraulich mit, dass ich trotz starker Kopfschmerzen doch gekommen bin, kann so ein Kind innerlich ganz erwärmt und glücklich sein.

Noch ein weiteres Beispiel, nun zum phlegmatischen Temperament. Eine Kollegin hatte ein ausgesprochen phlegmatisches Mädchen. Sie gab ihm in einem Klassenspiel die Aufgabe, während des ganzen Spieles, auf der Bühne stehend, einen Baum darzustellen. Manchem Kollegen ging das Vorgehen zu weit. Doch später erzählte dieses Mädchen als Erwachsene beglückt von ihrer Aufgabe als Baum, sie hat es damals als reines Glück erlebt: immer dabei zu sein und nichts tun zu müssen.

Wie herrlich ist es, mit den Jungens der fünften oder sechsten Klasse ganz lässig und schnell, aber auch ganz kundig über die Ergebnisse des Fußballwochenendes zu sprechen, interessant! In fünf Minuten ist alles wieder weg.

Aus Respekt im Hinblick auf die individuelle Freiheit der zukünftigen Kollegen mag es so scheinen, als ob Steiner die Temperamente nicht als ein Instrument der Selbsterziehung betrachtet haben wollte. Die wirksame Gestaltung der Temperamente in der Erziehung kommt jedoch nur zustande, wenn der Lehrer einerseits imstande ist, die Temperamente der Schüler zu identifizieren, und andererseits, seine eigene Temperamentlage so in der Hand zu haben, dass er auf die jeweiligen Temperamente reagieren und handelnd eingreifen kann. Ein Kind, ein Schüler, das oder der auf eine dezente und taktvolle Art vom Lehrer in seiner Temperamentfarbe angesprochen wird, erlebt, dass es vom Lehrer verstanden wird.

Die Temperamente basieren auf einer fundamentalen Polarität. Jedes Temperament besteht aus der entsprechenden Mischung dieser Polarität. Es ist die Polarität der menschlichen Existenz: Auf der einen Seite Sensibilität und Empfindlichkeit für das, was auf einen zukommt, auf der anderen Seite innere Stärke. Das heißt, die Welt kommt auf mich zu und: ich stelle mich der Welt.

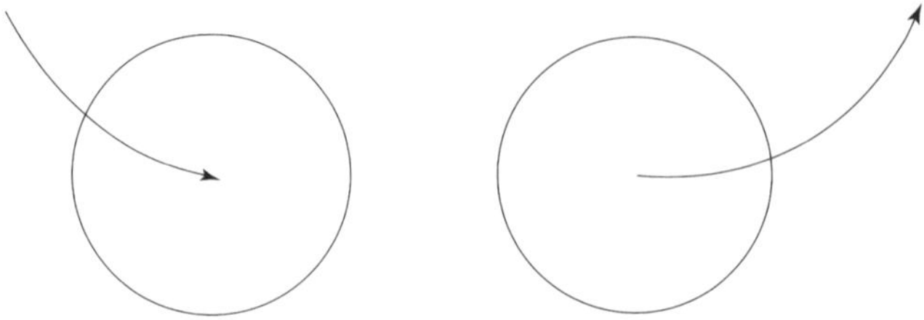

Sensibilität für das, was aus der Welt auf uns einwirkt

Innere Stärke. Der Mensch teilt sich der Welt mit

Das phlegmatische Temperament zeigt dann in beiden Richtungen eine gewisse Ruhe.

Das sanguinische Temperament dagegen zeichnet sich durch eine große Empfindsamkeit für das, was auf einen zukommt, aus, es reagiert aber dann auf den Eindruck aus sich heraus relativ schwach.

Das melancholische Temperament hat dagegen viel Eigenenergie, diese verbindet sich aber nicht leicht mit den Erfahrungen aus der Welt, es verharrt gleichsam in sich.

Das cholerische Temperament hat schlussendlich eine hohe Sensibilität, bei starkem, innerem Engagement.

Es ist klar, worauf Steiner in seiner Charakterisierung und in seinen pädagogischen Anregungen hinaus will: Erziehen wir so, dass die Schüler ihr Temperament *sind*, oder erziehen wir uns selbst und damit auch die Kinder und Schüler so, dass wir das Temperament *haben*. Mit anderen Worten, wird das Temperament zur charakterologischen Belastung oder zur Möglichkeit, im Sinne einer Eigenschaft bzw. Fähigkeit zu handeln? Steiner hat in seinen Betrachtungen *immer* die Praxis im Auge, nicht die Theorie.

Wird das Temperament aber zur Belastung, bleibt in seiner Einseitigkeit hängen, dann ist und bleibt der

Phlegmatiker der Faulpelz
Sanguiniker ein Chaot
Melancholiker ein Egozentriker
Choleriker ein Tyrann.

Dann *ist* man sein Temperament, es brennt gleichsam mit einem durch. Verwandelt man es aber dadurch, dass man lernt, es gleich einem Instrument zu handhaben, nehme ich also die Temperamentgrundlage zur Hand, mache ich was daraus, dann entsteht ein anderes Bild, das so charakterisiert werden kann: Das Temperament wird zur Möglichkeit, statt dass es eine Belastung bleibt. Dann entwickelt der

Phlegmatiker die Tugend der Treue,
Sanguiniker die Tugend des Interesses,
Melancholiker die Tugend der Empathie,
des Mitgefühls,
Choleriker die Tugend der Initiative;
der initiative Mensch.

Diese Tugenden aber sind jedem zugänglich. Auf diese Weise wird das Temperament zur Präferenz der Tugenden zu einer allgemein menschlichen Möglichkeit.

Ein weiteres hartnäckiges Missverständnis ist das der Entwicklung des Temperamentes an sich. Das Merkwürdige am Phänomen der Temperamente ist ja angedeutet worden; man *hat* es und man *ist* es zugleich. Das will aber nicht heißen, dass zwischen Haben und Sein nicht Wandlungen möglich sind.

Die Temperamente wandeln sich im Laufe des Lebens aufgrund des Älterwerdens. Der Jungunternehmer, kaum der Pubertät entwachsen, hat was Cholerisches, Stürmisches. In diesem Alter sind wir alle ein wenig Weltverbesserer oder Welteroberer. Das kühlt sich merklich ab, wenn die Mitte des Lebens erreicht ist und wir nun feststellen, was wir alles wollten und nicht erreichen konnten. Da kann sich schon (bei denkenden Menschen) eine gewisse Ernüchterung einstellen. Vieles ist nicht so geworden, wie ich mir das vorgestellt hatte. Der Lebensabend gibt uns eine gewisse Abgeklärtheit; alles in allem war es doch ganz gut so. Diese Abgeklärtheit steht dann der sonnigen alles aufnehmen wollenden Haltung der Jugendjahre gegenüber. Hiermit haben wir eine Temperamentnuance geschildert, die das Lebensalter in das individuelle Temperament einfärbt: das phlegmatische.

Doch selten tritt ein Temperament alleine auf. Bei fast allen Kindern ist das vorherrschende Temperament mit einem anderen gemischt. Die Mischung tritt meist so auf, dass ein Temperament den Oberton führt und ein anderes einen Nebenton bildet. Es ist wie in der Musik: Dominante und Subdominante. Ein dominant melancholisches Kind mit einer subdominanten Cholerik kann sich in der Pubertät aber zu einem dominant cholerischen Jugendlichen wandeln.

Ein phlegmatisches Kind kann sich nach der Pubertät in ein sanguinisches Wesen verwandeln. Kein Schüler bleibt (temperamentsmäßig) in den Pubertätsjahren, wer er war. Hier haben wir als Lehrer eine Aufgabe: die richtige Wahrnehmung, das richtige Hinschauen, das wahre ‹Kennenlernen› zu praktizieren und durch unser aufmerksames und liebevolles Interesse den Schüler zu begleiten. Das Kind, der Schüler ist werdend, das heißt: sich immerfort wandelnd.

Es sei noch auf den Zusammenhang der Temperamente mit dem dreigliedrigen Menschen hingewiesen und dieses aus hygienischen Gründen. Die Temperamente können, wenn sie nicht gezügelt werden, auch in pathologisches Verhalten abgleiten. So hört man manchmal von Studenten, die ihre ersten Hospitationen an Waldorfschulen machen, dass sie regelmäßig erleben, dass Lehrer vor der Klasse toben und schreien oder dass Lehrerinnen vor den Schülern in Tränen ausbrechen, weil es im Unterricht nicht so geht, wie sie sich das vorgestellt haben. Abgesehen vom Unprofessionellen dieses Verhaltens sieht man daran aber auch, dass der betreffende Kollege sein Temperament nicht in der Hand hat: man *ist* in einem solchen Moment nur noch sein Temperament. Das gibt dann immer ein böses Erwachen.[22]

Steiner gibt im Hinblick auf den dreigliedrigen Menschen an, dass das melancholische Temperament im Ätherischen des Nerven-Sinnessystems verankert ist, das cholerische Temperament im Stoffwechsel, das sanguinische und phlegmatische Temperament aber *beide* im rhythmischen System. Dazu wird eine kurze Nebenbemerkung gemacht: die beiden letzteren Temperamente sind daher *grundsätzlich* die gesünderen, während das melancholische und das cholerische Temperament leicht in ein ungesundes Fahrwasser geraten, wie die Beispiele zeigen.

Auf die möglichen Gesundheitsschäden, die durch langes einem ausgesprochen einseitigen Temperamente Ausgesetztsein entstehen können, soll abschließend noch hingewiesen werden. Man möge aber die Primärliteratur dazu nachschlagen.[23]

Wenn ein Klassenlehrer sich einmal im Jahr in Wut vor der Klasse ergeht, ist das bedauerlich, es wird den Schülern jedoch nicht schaden. Anders ist es, wenn der Wutausbruch jede Woche vorkommt. Dann reagiert das ganze sensible Wesen des Kindes und des Schülers darauf so, dass es tatsächlich Schaden nimmt. Ein Wutausbruch und Schreien vor der Klasse versetzt die Schüler immer in Schrecken. Was geschieht nun, wenn sich das Erschrecken wiederholt? Der Schreck fährt einem ja bekanntlich in die Glieder, er bleibt nicht nur eine Wahrnehmung, die bloß kognitiv eingeordnet wird. Da Steiner vor allem an den Langzeitwirkungen der Erziehung interessiert war, hat er dieses Phänomen mit den ihm zur Verfügung stehenden Mitteln untersucht. Er kommt zu dem Schluss, dass dieses Immer-wieder-erschreckt-Werden als Langzeitwirkung tatsächlich eine Schwächung und damit Anfälligkeit des rhythmischen Systems (im Klartext Herzschwäche, Herzkrankheiten) ‹in der zweiten Lebenshälfte› nach sich ziehen kann.

Solche Wirkungen werden nun von Steiner dergestalt weiter untersucht, dass er Veranlagungen zu bestimmten Krankheitszuständen wahrnimmt, die durch ein einseitiges, lang andauerndes Ausgeliefertsein an ein fremdes Temperament ausgelöst werden. So wird beispielsweise ein lange anhaltender Einfluss eines nicht gebändigten melancholischen Temperamentes eine Prädisposition für Stoffwechselkrankheiten verursachen. Wenn die Schüler über längere Zeit einem nicht ergriffenen sanguinischen Temperament hingegeben sind, entsteht ein Mangel an Vitalität, und wenn ein Lehrer zu phlegmatisch ist, entsteht eine Anfälligkeit für nervliche Belastungen.

Es muss betont werden, dass hier von Langzeitwirkungen die Rede ist. Wenn eine so entstandene Veranlagung tatsächlich in einer Krankheit zum Ausdruck kommt, befinden wir uns in der Regel in der zweiten Lebenshälfte. An einer Stelle gibt Steiner sogar noch an, wie man die Wirkungen berechnen kann.

So ist es verständlich, dass heute in der Forschung an ehemaligen Waldorfschülern nach Wegen gesucht wird, diesem Phänomen auf die Spur zu kommen. Dr. Christoph Hueck wird 2012 eine bedeutende Studie zur Kranken- oder Gesundheitsgeschichte ehemaliger Waldorfschüler veröffentlichen.

(Hier sei noch darauf hingewiesen, dass Steiner in der Konferenz vom 14. Juni 1920 bedeutende Anregungen zum Verständnis des Zusammenhanges von Temperament und Tierkreis gibt – GA 300a.)

Im zweiten Teil der Kinder- oder Schülerbetrachtung kann sich unser Blick auch noch auf die Art des Denkens, das wir an dem Schüler wahrnehmen, richten. Ist es eher analytisch oder synthetisch veranlagt – was ja für die pädagogischen Vorschläge später von Bedeutung sein kann? Nimmt man diese Fragestellung in den Blick, so kann sich die Art des Denkens physisch in der Ausgestaltung der Kopfform zeigen. Dazu muss freilich Folgendes gesagt werden. Die Beurteilung, ob ein Kind «groß-» oder «kleinköpfig» ist, steht in einem viel größeren Zusammenhang, als man gemeinhin annimmt, und gerade dieser Zusammenhang ist für die Kinder- und Schülerbetrachtung wichtig.[24] Auch hier sei auf eine Kernstelle aus einem Vortrag Steiners hingewiesen. Am 6. Februar 1923 spricht er zum ersten Mal ausführlich über *erziehungshygienische Maßnahmen*. Die Ursache dafür ist, dass jedes Kind eine ihm eigene Mischung in seiner dreigliedrigen Natur zeigt. Diese eigene Mischung stellt an den Lehrer eine pädagogisch-hygienische Aufgaben, er muss sie wahrnehmen und ausgleichen lernen:

«Was aber vor allen Dingen ganz besonders notwendig ist bei der Hinorientierung unseres ganzen Verhaltens in der Schule auf eine gewisse Hygiene, das ist, dass dem Lehrer selbst wie in Fleisch und Blut übergegangen ist die Dreigliederung des menschlichen Organismus. Der Lehrer soll gewissermaßen instinktiv bei jedem Kinde ein Gefühl davon haben, ob bei ihm eines der drei Glieder des menschlichen Organismus, das Nerven-Sinnessystem oder das rhythmische System oder das Stoffwechsel-Gliedmaßensystem in seiner Tätigkeit überwiegt und ob man durch eine Anspornung eines

der anderen Systeme etwas zum Ausgleichen eines schädlichen Überwiegens tun soll.»[25]

Die Groß- und Kleinköpfigkeit werden von diesem Gesichtspunkt aus betrachtet. Dabei geht es nicht vorrangig um die Kopfgestalt, denn diese ist nur der Indikator für die zu beobachtende Einseitigkeit. Worum es aber insbesondere geht, ist die Beobachtung, ob das Denken einen flüchtigen, unaufmerksamen, huschenden Charakter hat (*‹man könnte auch sagen, zu sehr ein Sanguiniker oder Phlegmatiker›*), denn dann haben wir es mit großköpfigen Kindern zu tun. Sie ruhen in sich, was um sie herum auch geschehen mag. Aus dieser Veranlagung heraus kann der Eindruck entstehen: die lernen gar nichts!

Das Gegenteil davon sind die in sich lebenden Kinder (damit ist gemeint, dass diese Kinder sich nicht selbstverständlich und leicht mit ihrer Umgebung verbinden), die sich von äußeren Eindrücken irritieren lassen, weil sie zu stark auf das, was um sie herum geschieht, reagieren. Sie sind gewissermaßen wehrlos dem Geschehen in der Klasse ausgesetzt, weil das Stoffwechsel-Gliedmaßensystem nicht genügend im Kopfbereich wirkt. Die kleinköpfigen Kinder werden schnell nervös, werden rasch in Situationen hineingezogen, in denen sie allerdings gar nicht sein wollen.

Da der Kontext von Rudolf Steiners Betrachtung die allgemeine Hygiene ist, schlägt er im ersten Fall eine eher salzige, im zweiten Fall eine eher süße Diät vor. Erstaunlicherweise wird hier keine erzieherische Maßnahme zur Behandlung des Problems eingesetzt, sondern eine diätetische. Da kann man sehen, wie vielfältig die pädagogischen Maßnahmen Steiners tatsächlich sind.

Wir halten also fest: Im zweiten Teil der Kinder- und Schülerbetrachtung stellen wir uns auch die Frage, wie sich in diesem Fall das Nerven-Sinnessystem, das rhythmische und das Stoffwechsel-Gliedmaßensystem zueinander verhalten. Was zeigt sich da individuell für ein Bild? Geht man so beobachtenderweise vor, dann ist man dem Rätsel des Kindes bzw. Schülers schon ein wenig näher gerückt.

Immer und immer wieder müssen wir uns aber vor die Seele stellen, dass wir es *nie* mit getrennten Bildern zu tun haben. Wir kommen an späterer Stelle noch einmal darauf zurück.

An dieser Stelle der Betrachtung kann man sich fragen: Beginnt nun das Rätsel des Kindes sich offenzulegen oder verbirgt es sich noch weiterhin? Wie tasten wir uns weiter vor. Befragen wir die *Vorstellungs- und Phantasiekräfte*. Befragen wir das *Stehen des Kindes zwischen Himmel und Erde*. Wie lebt es seine *Neigungen und Interessen*? Fragen wir, wie seine *Identität sich zu der Leiblichkeit* verhält. Erleben wir *Schweres* im leiblichen Ausdruck, aber auch im *seelischen Auftritt*? Oder ist alles (zu) *leicht* – nichts scheint von Bedeutung, es ist alles einfach so, wie es das Leben so bringt?

Was bei der Kinder- und Schülerbetrachtung im zweiten Teil auch versucht werden kann, ist, ein Bild, eine Metapher für das zu finden, was noch *nicht* benannt werden kann. Wohlberaten ist man, wenn man sich bei diesem Versuch an Bilder wendet, die aus der Natur genommen sind. Wesentlich ist dann, darauf zu achten, ob sich Bilder aus den leblosen, den belebten oder den empfindenden Naturreichen ergeben. (Der Igel z. B. vermittelt als Bild eine andere moralische Haltung des Redners als z. B. das Bild eines Bunkers.)

Eine andere Möglichkeit ist, sich in das Kind oder den Schüler hineinzuversetzen, sodass man sich wie von innen her fragt, wie es sich anfühlt, so zu sein? Das kann leiblich gemeint oder auch dem Verhalten nachempfunden sein. Wie fühlt es sich zum Beispiel an, nie still sitzen zu können? Oder sich nicht äußern zu können?

Wer den Versuch unternommen hat, sich in eine solche Existenzform hineinzuversetzen, hat schnell ein moralisches Evidenzerlebnis: Was sich nach außen hin als uns gegen den Strich gehend, störend zeigt, ist aus der Innenperspektive ein *Nicht-anders-Können*. Im Klartext bedeutet das z. B. Folgendes: Ein Junge der fünften Klasse rempelt auf dem Pausenplatz andere, meist jüngere Kinder an und tut ihnen weh. Er ist nicht böse; doch möglicherweise so stark ‹kopflastig›, d. h. so schlecht verbunden mit seinem übrigen Körper, dass das seine Art ist, mit anderen Kindern in Kontakt zu treten. Wenn er aber zur Rede gestellt wird, erlebt man bei ihm oft, dass er eigentlich nicht weiß, was er getan hat. Dabei verstellt er sich nicht, er ist wirklich hilflos. Das gilt es anzuerkennen und nicht moralisch zu beurteilen.

Ein weiteres Beispiel ist ein Schüler, der bis ins letzte Detail Straßenbahnen oder Flugzeuge nach- und abmalen kann, oder ein Mädchen, das bis zur Perfektion Comics zeichnen kann. Beide sind aber erstaunlicherweise nicht in der Lage, eine Formenzeichnung oder eine andere Zeichenaufgabe zu bewältigen. Sie sind nicht unwillig, faul oder gar ‹unkünstlerisch› oder ‹willensschwach›. Nein, sie können nicht anders. Sie können es nicht, weil sie auf einem beschränkten Feld eine Begabung haben, die anders nicht kommunizierbar ist. Diese Fähigkeit bezieht sich nicht auf die zeichnerische Begabung, sondern ist Ausdruck für die Schwierigkeit, feste Vorstellungen zu haben, die sich in einem Vorstellungskomplex verhaken. Daher müssen sie solche Motive immer wieder zeichnen, sie werden gleichsam von dieser Fähigkeit wie geplagt.

Die «empathische» Fähigkeit, sich in die Schüler *wie von innen* hineinzuversetzen (der Begriff stammt von dem großen humanistischen Psychologen Carl Rogers), schildert Steiner mit anderen Worten, wenn er über Wach- und Schlafbewusstsein spricht. Durch die empathische Fähigkeit gelingt es, träumerisch-empfindend in ein anderes Wesen wie hineinzuschlafen und daraus wieder zu erwachen, aber nun mit einer Intuition beschenkt.

Das bringt auf den Punkt, was im zweiten Teil der Kinder- oder Schülerbetrachtung geschieht. Der Vorgang wird von einer einfachen Zeichnung verdeutlicht, wobei man vor allem auf die Pfeile achten muss. Sie stellen das Geschehen dar, das sich bei vollem Wachbewusstsein vollzieht. (Es ist wohl bekannt, dass wir im Wachen nicht nur wachen.)

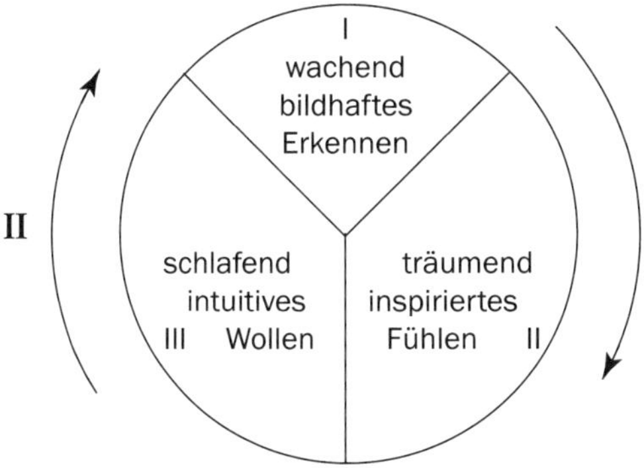

[26]

(Im Wesentlichen gründet auch Otto Scharmer in seinem viel beachteten Werk ‹Theory U› seine U-Prozedur auf dieses Prinzip: Jedes Verstehen von anderen Zusammenhängen als nur den physisch-mechanischen geht vom denkenden Erkennen über das Fühlen hin zum Wollen. Das gilt auch dort, wenn das Wollen sich dem Gedanken in der Intuition offenbart. (Pfeil II der Zeichnung kehrt zum Anfang zurück.)[27]

3. Hilfestellungen finden

Ist die Kinder- oder Schülerbetrachtung so weit gediehen, dass eine Idee des Wesens des Kindes oder Schülers aufleuchtet und die Ursachen seiner Eigenartigkeiten anfänglich verstanden worden sind, kann der Gesprächsleiter fragen, wie diesem Kind zu helfen ist?

Manchmal muss auch schon nach Hilfestellungen gesucht werden, wenn sich noch nicht das volle Verständnis eingestellt hat, einfach der Dringlichkeit halber. Auch das ist möglich.

Trotzdem sollte man den zweiten Schritt einer gründlichen Ursachenerforschung wenigstens versucht haben, um nicht einer platten Symptombekämpfung Vorschub zu leisten. (Etwa nach dem Motto: Der Zehntklässler hat das getan, dafür muss er diese Strafe oder diese Therapie haben.)

Wenn wir darangehen, uns auf den Weg zu diesem dritten Teil zu begeben, kann eine weitere Unsicherheit, ähnlich wie in der zweiten Phase, auftreten. Wie geht es jetzt weiter? Was kommt jetzt? Was soll nun geschehen?

Der Gesprächsleiter kann an dieser Stelle fragen: Wie helfen wir nun dem Kind, dem Schüler? Er kann fragen: Was tun wir? Auch können zunächst Beiträge kommen, die sich noch mit dem vorigen Abschnitt, der zweiten Phase der Kinderbesprechung, beschäftigen. Die Zuhörer aber können hier bereits spüren, dass für den nächsten Schritt eine andere Haltung notwendig wird.

Brauchte es für den zweiten Teil Mut, einer Idee zu folgen und mehr inspirativ zu prüfen, ob sie der Realität standhält, geht es nun um einen Willensbezug. Wie wollen wir helfen? Engagement ist gefragt, ein Sich-hinein-Versetzen in die Frage, was wirklich helfen kann, was weiterbringt. Gefragt ist ein *schöpferisch pädagogischer Helferwille.*

Voraussetzungen für das Auffinden adäquater Hilfsmittel

Bevor wir den Vorgang als solchen betrachten, sollen noch einige Gesichtspunkte vorausgeschickt werden, die eine wichtige Voraussetzung für den dritten Teil bilden.

Die Notwendigkeit, pädagogische Einfälle zu entwickeln

So wie die Lehrer bei einer eventuellen Strafe aufgefordert sind, nicht das Kind oder den Schüler zu bestrafen, sondern seine Tat, so sind wir nun dazu aufgefordert, beim Finden dessen, was dem Kinde oder dem Schüler die richtige Hilfe bietet, unseren pädagogischen Einfallsreichtum einzusetzen. Wenn das Kind oder der Schüler z. B. die Aufgabe bekommt, regelmäßig die Pflanzen zu gießen oder ein Meerschweinchen zu halten, so sind das Empfehlungen, die nur einen *sehr* begrenzten Wirkungsbereich haben. Wir müssen die tatsächliche Hilfe durch pädagogische Handreichungen finden.

Es ist das Gebiet der *wirksamen Unwägbarkeiten.* Dazu ein Beispiel: Ein Elftklässler, unglaublich gewandt darin, immer (zum Teil) auch originellen Unfug zu treiben, und zudem geradezu genial begabt, wenn man ihn ertappt, den Kopf aus der Schlinge zu ziehen und im nächsten Moment wie ein Unschuldslamm daherzukommen, wenn er gerade etwas angestellt hatte, wird von seinen Lehrern in der Oberstufe besprochen. Man betrachtet ihn eigentlich als einen guten Schüler, der allerdings ein ziemlich ungezügeltes, sanguinisches Temperament hat, das innerhalb eines wenig geführten Astralleibes angesiedelt ist. Der Biologie-Lehrer schlägt vor, den jungen Mann eine Arbeit über das Chamäleon schreiben zu lassen und diese Arbeit vor der Klasse vorzutragen. Der Auftrag wird erteilt und zur Zufriedenheit aller Teilnehmer ausgeführt. Nach diesem Ereignis beobachten die Kollegen eine schrittweise deutliche Änderung im Verhalten des Schülers. Der frühere, wahnwitzige Aktionismus kommt zur Ruhe, Besinnlichkeit zieht ein und eine erst zaghafte, aber dann immer stärker werdende Zielorientierung entwickelt sich. Als Erwachsener auf dieses Geschehen angesprochen, erklärt dieser, die Arbeit über das Chamäleon habe in ihm erstmals Fragen über sein Verhalten und wer er denn eigentlich sei, aufkommen lassen.

Ein weiteres Beispiel: Ein Viertklässler ist ganz und gar nicht in der Lage, sich seinen Aufgaben zu widmen. Zu interessant ist alles, was um ihn herum geschieht. Die Leistungen sind weit unter dem Erwarteten, aber in der Kinderbesprechung ist man sich einig, dass der Schüler eigentlich nicht dumm ist. Rechnen und Schreiben sind allerdings sehr fehlerhaft. Statt den Jungen weiter mit Ermahnungen zu quälen, schlägt ein Kollege vor, ihn am Ende des Hauptunterrichtes oder am Ende des Schultages den Ablauf des Morgens oder des Tages vor der Klasse rekapitulieren zu lassen. Denn das ist eine leicht anstrengende Form der Verinnerlichung der Erlebnisse. Und tatsächlich, es gelingt dem

Lehrer, es gelingt den Kollegen, diese Aufgabe durchzuhalten. Und schneller als gedacht fängt nun der Schüler an, konzentriert zu arbeiten.

Noch ein Beispiel: Ein Mädchen im fünften Schuljahr, leicht, blond, schlank, immer mit kalten Händen, sicher nicht dumm, aber die Möglichkeiten des Lernens sind nur begrenzt, es ist mit seinen Interessen ganz und gar dem Schein, der Mode hingegeben. Allerdings zeichnet es ohne die geringste Ermüdung eine Modepuppe nach der anderen, immer schön in einer Schablone bleibend, es ist, als ob nur das ihre Welt ausmacht. In der Schülerbesprechung wird gesagt, sie solle dringend etwas anderes malen. Es wird aber berichtet, dass andere Motive zu malen, zum Beispiel eine Landschaft im Geographieunterricht, gar nicht ihren Wünschen entspricht. Sie zeigt sich dann richtig ‹unbegabt› und alle Kunstfertigkeit des Zeichnens ist wie weggeblasen. So wird ein anderer Weg eingeschlagen: Man entschließt sich in der nächsten Grammatikepoche, die ja in der fünften Klasse glücklicherweise den Akkusativ und Dativ behandeln wird, alle Beispiele aus der Modewelt, aus der Welt der Trends in der Bekleidung zu nehmen. Dies führte zu einem schlagenden Erfolg: das Mädchen nahm zum ersten Mal an den Stunden Anteil und die Übungen in der Grammatik bewirkten bei ihr eine neue Haltung dem Lernen gegenüber.

Diese kleinen Beispiele zeigen uns dreierlei. Erstens, die wirksamsten Maßnahmen kommen aus den Lerngegenständen selber.

Zweitens, die Maßnahme braucht meist einen Umweg. Schlechtes Rechnen wird nicht durch mehr

Rechnen besser. Ein ganz dem Äußerlichen Verhaftetsein wird nicht durch ein Verbot weniger, sondern dadurch, dass das Äußerliche in eine innere Aktivität mit hineingenommen wird, also gleichsam mit einbezogen wird. Eine Einseitigkeit des werdenden Charakters wird nicht durch Konfrontation geheilt, sondern durch ein liebevolles, bisweilen auch leicht humorvolles Bild.

Drittens, um zum Erfolg zu kommen, müssen die Lehrer sich verpflichten, eine verabredete Maßnahme, Aktion oder Verfahrensweise auch *wirklich durchzusetzen*. Die Erfahrung lehrt uns aber, dass es gerade dieses Element des Durchsetzens ist, was Lehrer zögerlich macht.

Zusammenfassend: der dritte Schritt braucht diese *schöpferische Freude, für das Kind, für den Schüler das zu finden, was ihm hilft,* und das hoffentlich auch nachhaltig.

Wenn man will, kann man sagen, in diesem dritten Teil sind die Lehrer weniger erkenntnismäßig gefordert, sondern in ihrem Willen, dem Kind, dem Schüler zu helfen.

Wir werden noch sehen, dass es für die schwierigeren Fälle unerlässlich ist, dass die Lehrer, das Lehrerkollegium sich ein gründliches Wissen aneignen über die Wirkung der Unterrichtsgegenstände auf die Wesensglieder des werdenden Menschen. Denn da liegen die wichtigsten Hilfen.

Welche Rolle erfüllen die Eltern in der Kinderbetrachtung?

Es ist gut möglich, die Eltern an einer Kinder- oder Schülerbetrachtung mitwirken zu lassen, sie zu bitten, wenn sie wollen, diesen Konferenzabschnitt mit zu gestalten. *Prinzipiell* steht dem nichts im Wege. Es ist aber auch nicht richtig, einfach zu sagen, die Eltern sollen dabei sein. Das ist eine Frage des *Ermessens.*

Wie steht die Schule als Ganze gegenüber den Eltern? Pflegt sie im Allgemeinen einen vertrauensvollen Umgang mit den Elternhäusern? Welche Qualität hat die Zusammenarbeit der Klassenlehrer mit den Eltern? Ist das Verhältnis offen, einander unterstützend? Kann man sich gegenseitig was sagen? Oder sind da (oft unausgesprochene) Spannungen? Muss ein Berufsanfänger, der seine erste Kinderbesprechung hält, die Eltern dazubitten? Es kann eine Hilfe sein, es kann aber auch ein Hindernis sein. Unendlich viel hängt hier von seinem und der Kollegen Taktgefühl ab.

Auch wenn man die Eltern nicht bittet, bei der Kinderbesprechung anwesend zu sein, ist es doch richtig, diese zu informieren, dass sie stattfindet. Der Klassenlehrer kann dann in einem Gespräch erläutern, warum er die Hilfe der Kollegen braucht, weil er ein Problem nicht lösen kann. Und vielleicht können die Eltern noch mit einigen Informationen nachhelfen. Wenn dem so ist, sollte auch *immer* das Ergebnis der Besprechung den Eltern mitgeteilt werden.

Das Allerwichtigste an der ganzen Sache ist aber dieses: *Die Kinder- oder Schülerbesprechung oder -betrachtung soll immer in dem Ton gehalten werden, als ob das Kind, als ob seine Eltern dabei wären. Nur dann wird es fruchtbar.*

Das führt zu einem letzten Punkt, der Beachtung finden sollte. Es wird in einer Kinder- oder Schülerbetrachtung nötig sein, unter Umständen Mitteilungen über das Elternhaus zu machen. Das kann nötig sein, um zu einem wirklichen Verständnis des Schülers zu kommen. Themen im Hinblick auf diese Frage können zum Beispiel folgende sein: Wie ist die Familienzusammensetzung, gibt es jüngere, ältere Geschwister, sind die Eltern geschieden, ist die Mutter krank oder der Vater abwesend, ist die Familie viel umgezogen und dergleichen? Solche Informationen sollten mit größter Zurückhaltung und Vertraulichkeit behandelt werden. Auch der wie ein verletzendes Strafurteil wirkende Ausdruck ‹allein erziehende Mutter› sollte tunlichst vermieden werden, denn diese Mütter haben es schon schwer genug. *Nie* darf das Elternhaus für die Probleme, die *wir* haben, verantwortlich gemacht werden. Daher sollten auch nur mit größter Vorsicht den Eltern Vorschläge über das, was eigentlich Aufgabe der Lehrer ist, gemacht werden: dem Kinde helfen. Die Eltern sind keine stellvertretenden Hilfslehrer. Diese Haltung schleicht sich ein, bevor man es tatsächlich merkt. Sie entspringt in Wirklichkeit aber einem Unvermögen, meistens einer Berufsdeformation und nicht dem Qualitätsbewusstsein, dem sich eine Waldorfschule verpflichten sollte.

Was ist eine normale Entwicklung? Das ‹ideale Kind› bzw. der ‹ideale Schüler›

Bei der Suche nach helfenden Maßnahmen müssen wir immer versuchen, eine Antwort auf die Frage zu geben, was unsere Auffassung von einer *normalen Entwicklung* ist. Hier aber ergeben sich naturgemäß zwei Probleme.

In einer theoretischen und nicht lebensvoll praktizierten Auffassung der anthroposophisch orientierten Menschenkunde entsteht leicht, ungewollt und nur halb bewusst, eine unausgesprochene Vorstellung davon, *wie ein Kind sein sollte:* Es soll allen unseren Idealen des Kindseins entsprechen. Es *soll* so sein und daher ist alles andere ein Problem. So entsteht an Schulen gewöhnlich die pädagogische und soziale Einteilung in sogenannte ‹pflegeleichte› und ‹schwierige› Kinder. Diese Haltung, sofern man sie feststellt, muss überwunden werden. Es gibt nur einen Maßstab, und zwar, *den Schüler so zu nehmen, wie sie oder er ist, und damit zu arbeiten.*

Wie kommt man zur Überwindung dieses idealtypischen Bildes, das man sich von einem Kind bzw. einem Schüler mehr oder weniger unbewusst macht? Auch hier geht Steiner in den Empfehlungen an die Lehrer einen ganz anderen Weg.

Eigentlich ist es eine ganz wunderbare Eigenschaft der Lehrer, dass sie sich zu einem Ideal hinorientieren. Gerade dies ist ja eine um Meilen zu bevorzugende Haltung gegenüber dem platten Realismus, den man teilweise im Verhalten gegenüber den Schülern wahrnehmen kann. Allein, man braucht das rechte Maß und den richtigen Ort, diese Ideale lebendig werden zu lassen.

Zunächst eine allgemeine Bemerkung zu Idealen an sich: Auch Steiners Sieben-Jahres-Rhythmen der Entwicklung des werdenden Menschen entsprechen nicht dem real existierenden Zustand, sondern sie entsprechen einem zu erstrebenden Ideal. Der Mensch wird erst ganz Mensch, wenn diese menschheitlichen, biographischen Rhythmen im Leben zum Vorschein kommen, dann erst nähern wir uns dem Urbild des Menschen an.

Dieses ist ohne Zweifel der Hintergrund dafür, dass schon im ersten Vortrag von «Methodisch-Didaktisches ...» Steiner darauf hinweist, dass es eine natürliche Sache sein wird, dass Kinder, die an der Regelschule Schiffbruch erleiden, vermehrt die Waldorfschule aufsuchen werden. Ein Schicksal, dem wir uns nicht widersetzen sollten. Das heißt, wir bekommen schwierige Kinder und quer einsteigende Schüler. Der Absatz, in dem Steiner sich dazu äußert, soll nun in seiner ganzen Länge wiedergegeben werden, man kann das Dargestellte als eine große, ernste Frage auffassen, die einen immer wieder beschäftigen kann. Man versuche hier dem nachzuspüren, was Steiner zu sagen *versucht*. Man merkt es ja förmlich, dass er darum ringt, die richtigen Worte für das, was er sagen möchte, zu finden:

«Ich werde jetzt etwas Außergewöhnliches sagen, aber wir müssen auf die Prinzipien der Menschennatur zurückgehen, wenn wir heute im richtigen Sinne

Unterrichter sein wollen. Es gibt Ausnahmefälle, wo im späteren Leben der Mensch noch was nachholen kann. Dann muss er aber durch eine schwere Krankheit durchgegangen sein, oder er muss sonst wie Deformationen erlitten haben, muss etwa ein Bein gebrochen haben, das dann nicht mehr richtig eingerenkt ist, muss also eine gewisse Loslösung des ätherischen Leibes vom physischen Leibe erlitten haben. Das ist natürlich eine gefährliche Sache. Wenn sie durch das Karma eintritt, muss man sie hinnehmen. Aber man kann nicht damit rechnen und eine gewisse Vorschrift geben für das öffentliche Leben, dass einer etwas Versäumtes auf diese Weise nachholen könnte – von anderen Dingen gar nicht zu sprechen. Es ist die Entwicklung des Menschen eine geheimnisvolle Sache, und was durch Unterricht und Erziehung angestrebt werden soll, darf nie mit dem Abnormen rechnen, sondern muss immer mit dem Normalen rechnen. Daher ist das Unterrichten immer eine soziale Sache. Daher muss immer damit gerechnet werden: In welches Lebensalter muss die Ausbildung gewisser Kräfte hineinfallen, damit diese Ausbildung den Menschen in der richtigen Art in das Leben hineinstellen kann? Wir müssen also damit rechnen, dass gewisse Fähigkeiten nur zwischen dem 7. und dem 14. Lebensjahre des Menschen so entwickelt werden können, dass er den Lebenskampf bestehen kann (Hervorhebung CW).[28]

Tatsächlich werden wir hier anhand der Darstellungen Steiners gewahr, man *muss* im Unterrichten Ideale verfolgen, man kann nicht anders, als diese Ideale aus der

Idee zu bilden. Der Maßstab für diese Ideenbildung ist der Mensch.

Auf diese Weise kann man auch verstehen, dass viele Lehrer danach streben, sich ein gewisses Idealbild des Kindes oder Schülers zu machen. Nur muss man auch hier wieder gliedern und einen *pädagogischen Takt walten lassen:* Es geht keinesfalls darum, einen Raster über die ganze Klassengemeinschaft zu legen, sondern in jedem einzelnen Kinde oder Schüler nach dem zu suchen, was ihm helfen kann, sich selbst zu entsprechen, nämlich Mensch zu werden.

Selbstverantwortung und professionelle Hilfe

Durch die fortschreitende Spezialisierung in den pädagogischen und psychologischen Disziplinen wird heute problematisiert, was vor kurzem noch normal war. Dementsprechend gibt es auch spezialisierte Hilfsangebote. Diese Tatsachen fordern von den Lehrern ein neues Verhältnis zur Verantwortung. Sie müssen sich fragen: Wollen wir noch ‹voll verantwortlich› sein oder haben wir geteilte oder auch ausgelagerte Verantwortungen? Womit gemeint ist, dass man die pädagogisch-therapeutischen Maßnahmen an Spezialisten abgibt. Die Erörterung der Frage, ob dies eine sachgemäße pädagogische Praxis ergibt, ist ein lohnendes Thema für ein Konferenzgespräch! Der Grad des Normalen ist heute sehr schmal geworden. Trotzdem liegt laut kinderärztlichen Untersuchungen die Normvariation immerhin noch bei 96 %.[29]

Dieser hohe Grad an Regelmaß innerhalb einer normalen Entwicklung ist eine Tatsache, die man sich zu Herzen nehmen kann und deren Behandlung auch in Elternabenden eine Rolle spielen kann. Denn es gibt eine andere Tatsache, die wie ein Gegenentwurf zu dem hier Dargestellten dasteht: Auch unsere heutige Gesellschaft, in der wir im 21. Jahrhundert leben, folgt einem idealtypischen Kinderbild. Dieses ist nicht die Idee des werdenden Menschen, die seinem Urbild nachstrebt, sondern es handelt sich um ein Funktionsbild: wir streben nach dem perfekten Schüler, intelligent, sportlich, sozial und immer mit Abitur. Es ist dieses äußerliche Funktionsbild, dem sich der Mainstream aus der Erwartung, dass Bildung *machbar* ist, verschrieben hat. Und Bildung ist in einem gewissen Sinne tatsächlich auch machbar. Es ist nur die Frage, welchem Idealbild man im Bildungsprozess nachstrebt. Aber das Machbarkeitsdenken hat seinen Preis. Wenn das Kind oder der Schüler sich nicht so entwickelt, wie es dem Ideal entspricht, ist nicht der Pädagoge gefragt, sondern der Spezialist. Und hier setzt die Frage an: Wie verhalten wir uns?

Es entstehen aufgrund dieser äußerlich festgesetzten Kriterien problematische Entwicklungsbilder, die heute viel Kopfzerbrechen verursachen. Diese Bilder waren früher nicht in dem Maße da.

So muss man sich fragen, was ist das Urbild der Schule? Ein Schularzt, ein Eurythmietherapeut, eventuelle Kunsttherapeuten und eine ‹Hilfsklasse›. Können wir damit noch auskommen? Wann ist außerschulische professionelle Hilfe erforderlich? Es ist schwer zu sagen. Kommt man zum Schluss, dass psychiatrische Hilfe erforderlich ist, kommt man zum Schluss (wenn kein Schularzt vorhanden ist, was ja meistens der Fall ist), dass ein echtes medizinisches Problem vorliegt, sollte man sich hüten, ‹es besser zu wissen und zu können›, man sollte sich unverzüglich die Hilfe, die man selber nicht geben kann, holen. Wie ist das mit pädagogischen und Verhaltensfragen? Da können wir in aller Regel mehr als Spezialisten, die von außen herangezogen werden. Mit der Legasthenie, mit Dyskalkulie, mit hyperaktiven Kindern, mit Lernschwäche, mit Verhaltensauffälligen können wir sehr viel erreichen, wenn wir denn das Mittel der Kinderbetrachtung als festen Teil der pädagogischen Konferenz einsetzen und wenn wir uns zu methodisch schöpferischen Pädagogen heranbilden. Auch das kann die Kinderbetrachtung besorgen, denn sie wirkt in aller Regel belebend auf die Teilnehmer und die Schule.

Bildungsferne und bildungsnahe Bevölkerungsschichten und die allgemeine Jugendgesundheit

Außerdem muss man sich bewusst sein, dass im Allgemeinen davon gesprochen wird, dass es im Kindes- und Jugendalter eine Verschiebung von Akuterkrankungen hin zur chronischen Erkrankung gibt. Ein Ergebnis der größten Erhebung in Deutschland, das sogenannte Kinder- und Jugendsurvey (KIGGS 2003–2006) (N=17 641), war, dass in Deutschland ein psychisch gesundes Aufwachsen nicht mehr gewährleistet[30] ist, eine bedenkliche Bilanz mit unübersehbaren Konsequenzen für die Pädagogik.

Zum Schluss sei noch vermerkt, dass zudem das soziale Gefälle zunimmt, d. h. die sogenannten bildungsfernen Bevölkerungsschichten haben stärker mit Problemen dieser Art zu kämpfen als bildungsnahe. Für die Schüler von Waldorfschulen, die sich fast ausschließlich aus bildungsnahen Bevölkerungsschichten zusammensetzen, gilt deswegen, dass die meisten ihrer Schüler an diesen Maßstäben gemessen gesund sind.[31]

Was hier vorgebracht wird, gilt für Deutschland und die Industrieländer. Mit einer Ausnahme: Die interkulturelle Waldorfschule in Mannheim bezieht ihre Schüler aus sozialen Brennpunkten und ist auch örtlich an einem solchen Brennpunkt angesiedelt. Da die Schule seit der Begründung im Sinne der Ergebnisforschung wissenschaftlich begleitet wird, kann jetzt schon gesagt werden, dass sie sich als Schule bewährt hat. Die sprachliche und soziale Integration liegen weit über dem Durchschnitt vergleichbarer Schulen. Interessant dabei ist, dass diese Schule sich der ursprünglichen Ideen der Waldorfschule besonders angenommen hat. Sie ist daher um einiges mehr eine «Waldorfschule» als viele traditionelle Waldorfschulen.

Ähnliches kann man auch an den Waldorfschulen im weiteren Ausland feststellen. So gibt es in Lateinamerika Waldorfschulen in den Slums der Riesenstädte oder auch in den Townships der großen Metropolen Südafrikas.

Auch gibt es in Deutschland noch weitere integrativ

arbeitende Schulen und auch Waldorf-Sonderschulen, die als Schule Teil einer heilpädagogischen Einrichtung sind oder als selbständige Sonderschule arbeiten.

Wie das Schicksal der Inklusion verlaufen wird, ist noch unklar. Dieses zu erörtern sprengt aber den Rahmen dieser Darstellung.

Kehren wir nun wieder zurück zum dritten Teil der Kinder- oder Schülerbetrachtung. Wie finden wir adäquate Hilfen für das Kind, den Schüler? Als Erstes kann man festhalten, einerseits wirkt der Lehrer durch sein pädagogisches Geschick, andererseits wirkt auch der Lehrstoff selbst auf das Kind. Dieser gleichsam natürlichen pädagogischen Situation gilt es Rechnung zu tragen und ihre Möglichkeiten auszuloten, bevor man andere Maßnahmen ergreift. An dieser Stelle sei jedoch noch ein Gedanke eingefügt, der eine starke Auswirkung hat.

Das rechte Maß zwischen Aktionismus und Verschleppung

Die Neigung, bestimmte Verhaltensweisen und Unfähigkeiten frühzeitig zu problematisieren, nimmt heute zu. Ein Kind muss heute schnellstmöglich ‹diagnostiziert› sein, damit man weiß, ‹woran man ist›. Das ist einerseits ein berechtigtes Streben, anderseits verengt eine solche Einstellung das Bild, das man von einem Kind oder Schüler haben kann, in erheblichem Maße.

Dazu kommt die Tatsache, dass wir es heute mit den komplizierten Auswirkungen unserer Zivilisation zu tun haben. Hier ist es von Bedeutung, das rechte Verhältnis zu den Zivilisationswirkungen zu finden. Stellen wir uns einen Schüler vor, an dem (früh) eine Legasthenie festgestellt wird. Es ist selbstverständlich wichtig, dass nun gleich die richtigen Maßnahmen ergriffen werden, der Schüler entsprechend unterstützt wird. Gerade hier lauert aber auch die Gefahr, den betreffenden Schüler nur noch durch die Brille der Legasthenie wahrzunehmen. Dasselbe gilt auch für alle anderen Lernstörungen. Sie haben als Diagnosen die Tendenz, uns auf feste Bilder zu fixieren, wo eigentlich Bewegung, Suchen und Versuchen am Platze sind. Dasselbe gilt für Verhaltensstörungen oder -auffälligkeiten. Sie sollen in aller Schärfe wahrgenommen werden, aber ohne festzulegen, ohne zu definieren und das Kind damit abzustempeln. Gerade dies ist eine Frage der pädagogischen Kreativität und Offenheit.

Dazu kommt, dass Begriffe wie Legasthenie sehr allgemein und daher oftmals auch unpräzise gebraucht werden. Mit der Feststellung von Legasthenie oder Dyskalkulie, von Hyperaktivität oder Autismus ist einerseits viel gesagt, anderseits noch gar nichts.

Wir müssen hier sehr wach mit der Frage nach der Normalität des Kindes umgehen, trotz oder gerade wegen der spezifischen Problematiken. Vielleicht sind die Kinder und Schüler viel normaler, als wir es mit unserem hoch spezialisierten Wissen für möglich halten. Man möchte an dieser Stelle für eine Erweiterung des Verständnisses von Normalität plädieren, für mehr Toleranz und Geduld gegenüber möglichen Entwicklungen und Vertrauen in die Selbstheilungskräfte des Menschen, auch hier sind die pädagogischen Einfälle des das Kind oder den Schüler unmittelbar begleitenden Lehrers, oftmals wirksamer als die zu frühe Delegation an Fachkräfte, gegen die im Großen und Ganzen, wo sie notwendig und richtig ist, natürlich nichts zu sagen ist, doch sollte an erster Stelle oder als erster Schritt die Bemühung der den Schüler begleitenden Pädagogen stehen.

V. Der Abschluss der Kinder- oder Schülerbetrachtung

Kann man dem Kind bzw. dem Schüler überhaupt helfen?

In diesem dritten Teil der Kinder- oder Schülerbetrachtung, der sich ja mit der Frage nach den Hilfestellungen beschäftigt, muss die Frage beantwortet werden, ob wir überhaupt helfen können. Man kann auf der einen Seite zu leichtfertig entscheiden, dass man als Lehrer bzw. als Kollegium selbst nicht helfen kann und man daher professionelle Hilfe in Anspruch nehmen muss, ebenso leichtfertig kann man aber auch glauben, man könne alles selber richten.

Auch wenn es hier keine klaren Vorgaben geben kann; die Frage, ob man die Hilfe selbst leisten kann, muss beantwortet werden. Zunächst ist zu klären, ob sich das Kind oder der Schüler und sein Problem innerhalb des Normalen und somit Bewältigbaren befindet oder nicht? (Die oben beschriebene Erweiterung des Begriffes ‹normal› muss hier bereits bearbeitet worden sein.) Dabei spielt eine wichtige Rolle, ob die Schule einen Schularzt hat, der sich für die Angelegenheiten der Kinder- oder Schülerbetrachtung engagiert. Ist das der Fall, kann die Frage von dieser Seite aus auch kompetent bearbeitet werden.

Einige Beispiele pädagogischer Hilfestellungen

Ist die Entscheidung gefallen, dass wir dem Schüler helfen können, sind unsere pädagogische Kreativität und unser Einfallsreichtum gefragt. Werden diesem Zweitklässler zusätzliche Formenzeichnungen helfen, den freien Teil des Ätherleibes zu aktivieren? Wird ein kleiner Spruch, rückwärts aufgesagt, diesem Kind helfen, mehr zu sich zu kommen, da ja alles Rückwärtsdenken den Astralleib in den Ätherleib hineinzieht? Werden wir bei einem zu schüchternen Fünftklässler durch Rezitation etwas bewirken können, indem erst die ganze Klasse, dann ein Teil der Klasse, dann einige Schüler und zuletzt der Schüler selber alleine etwas spricht? Können wir einem allgemein schwachen Sechstklässler helfen, indem wir ihn noch einmal das Schönschreiben üben lassen? Bei ganz zappeligen jungen Damen in der siebten Klasse, wie würde da die Grammatik von Haupt- und Nebensätzen und deren Analyse wirken? Wie beziehen wir die Zeit in unsere Maßnahmen mit ein? Können wir einem Kind, das sich nichts merken kann, ein einfaches Rätsel aufgeben, die Lösung aber erst morgen erwarten? Sind Mittelstufenschüler, die sich zu sehr in der Welt verlieren, dadurch zu fördern, dass wir ihnen Biographien zu lesen geben und sie auffordern, darüber zu berichten? Was kann die heilende Wirkung des Gartenbauunterrichtes bei Schülern, die nur noch am Bildschirm sitzen, ausrichten? Wenn ein Erstklässler nicht zum Rechnen findet, empfiehlt Steiner, das Rechnen durch praktisches Tun zu vermitteln, ihn also wirklich etwas physisch machen zu lassen. Könnte man ihn mit Hilfe einer großen Schachtel, in der tausend weiße oder braune Bohnen enthalten sind, das Rechnen üben lassen? Und wenn das nicht wirkt, die Rechenoperation gar mit den Füßen zu gehen? Wann geben wir einem Schüler mit einer schlechten Handschrift eine Serie progressiv schwieriger werdender Formenzeichnungen, um danach im homöopathischen Verfahren (jeden Tag eine Zeile) eine neue Handschrift zu erlernen? Welche Wunder kann bei unkontrollierten Willensausbrüchen eine musikalische Betätigung bewirken? Kann man im vierten Schuljahr während der Tierkunde nicht einen Zirkus mit den verschiedensten Tieren nachspielen, sodass jedes Kind sich bewegungsmäßig und sprachlich für eine kurze Zeit mit einem Tier identifiziert; wer soll dann der Zirkusdirektor sein?

Kurz, man muss die Möglichkeiten des Unterrichtes selber neu betrachten und etwas für einen bestimmten Schüler neu versuchen oder greifen. Das ist auch für uns Lehrer ein bedeutender Schritt. Wer sich aber so engagiert und selber etwas Neues umsetzt oder ausprobiert, erzielt meist eine fördernde Wirkung.

In der Oberstufe werden sich diese Empfehlungen natürlich an die Reife des betreffenden Alters anpassen, aber auch da ist vieles möglich. Ein an sich nicht unbegabter, aber furchtbar flüchtiger, ungreifbarer Zehntklässler bekommt den Auftrag, im Biologieunterricht ein ausführliches Referat über das Chamäleon zu halten, mit Tafelzeichnungen und allem, was dazugehört. Als Erwachsener berichtet er im Rückblick, dass dies für ihn die erste Erfahrung der Selbsterkenntnis mit sich brachte, was für seinen weiteren schulischen Werdegang entscheidend war, denn er hatte dabei erlebt, dass seine Lehrer ihn in seiner Unmöglichkeit wahrgenommen hatten, ohne ihn moralisch zu verurteilen.

Wenn die Schule über einen Schularzt und einen Heileurythmisten verfügt, können auf diese Weise ganz bedeutende unterstützende Maßnahmen eingeleitet werden. Wobei man darauf achten sollte, dass der Therapeut darzustellen versucht, welche Gründe er für die therapeutischen Maßnahmen hat. Es ist für das ganze Kollegium hilfreich, hier Verständnishilfen zu bekommen.

Rückblick auf die verabredeten Hilfestellungen und ihre Wirkung

Immer wieder wird berichtet, dass nach einer (gelungenen) Kinderbesprechung das Kind am nächsten Tag wie verwandelt ist. Man weiß auch, dass dieses Phänomen sich mit der Zeit wieder verflüchtigt. Andererseits gibt es auch wieder Fälle, bei denen nach einer Kinder- oder Schülerbetrachtung eine echte Wende in Richtung einer positiven fortschreitenden Entwicklung eintritt. Alle diese Erfahrungen lassen einen zu dem Schluss kommen, mit der Schülerbesprechung ein wunderbares

Instrument zum Verständnis und zur Hilfe für die Schüler in Händen zu halten.

Am Schluss der Besprechung rekapituliert der Gesprächsführer die verabredeten Maßnahmen und bespricht, wer welche Aufgabe durchführen wird. Wenn dann in acht oder zehn Wochen darauf zurückgeblickt wird, sind zwei Fragen von Bedeutung: Ist getan worden, was verabredet wurde? Und: Wie hat es gewirkt, wie steht das Kind jetzt in der Welt? Eine Schule, die diese Disziplin des Zurückblickens aufbringt, hat ein starkes Qualitätsinstrument zur Verfügung. So ein Rückblick braucht nicht mehr als zehn Minuten zu dauern. Die Zeit dafür kann man finden.

VI. Wie wirken die Unterrichtsgegenstände auf die Kinder?

Methodisch-didaktische Gesichtspunkte zum dritten Teil der Kinder- und Schülerbetrachtung

Ein zentraler Gedanke der Waldorfpädagogik ist das bewusste Handhaben des Unterrichtsgegenstandes im Hinblick auf seine pädagogische und hygienisch-therapeutische Wirkung. Es ist ein Unterschied, ob ich den Schüler mehr auf einer bildhaften, das Gemüt ansprechenden Ebene erreiche oder ob ich die gedankliche, Begriffe bildende, die mehr abstrakte Seite durch den Unterrichtsstoff und die Art des Unterrichtens hervorhebe. Hier sind andere Wesensglieder gefordert, es werden andere innere Tätigkeiten in Gang gesetzt. So ist es eine zentrale Anregung Rudolf Steiners, diese Tätigkeiten wechselweise und bewusst herauszufordern und keine einseitig zu überfordern, er führt dazu Folgendes aus:

«Es ist daher notwendig, dass wir beim Unterricht darauf Rücksicht nehmen, ob wir einen Stoff haben, der zum Ätherleib und zum physischen Leibe spricht,

oder ob wir einen Stoff haben, der zur Ich-Organisation und zur astralischen Organisation spricht» (R. Steiner, 14. August 1923, Ilkley, GA 307).

Zur Bedeutung der inneren Haltung des Lehrers

Jeder Lehrer hat schon einmal die Erfahrung gemacht, dass das Unterrichten auf ihn selbst gesundend wirken kann. Er hat gelernt, sich zu überwinden, er hält durch und versucht immer wieder aufs Neue nett, lieb und gut gelaunt den Kindern gegenüberzutreten. Die Alltagssorgen darf man im Unterrichten mit Fug und Recht für Stunden vergessen! Ja, man versucht dann so zu sein, wie man eigentlich immer schon sein wollte. Nach sechs Stunden Unterricht, wenn man mit dem Tagespensum fertig ist, wäre man sogar in der Lage, ruhig noch eine weitere Stunde zu geben. Der Leib mag zwar müde sein, die Seele ist es nicht.

Vielleicht ist das ein wenig übertrieben dargestellt; doch: streben wir nicht trotzdem alle nach einer solchen Erfüllung in der Arbeit? Hier ist die Frage am Platze, wie ein solches Verhalten, eine solche Einstellung zur eigenen Tätigkeit, auf unsere Schüler wirken kann. Ist eine solche Dynamik da, entsteht ein mächtiges Fluidum zwischen Lehrer und Schüler. Der Lehrer ist in allen seinen Äußerungen beispielhaft für die Jugend, er ist ihr Vorbild, auch was seine innere Haltung anbetrifft. Neben dem, was den Unterricht ausmacht, liegt die Basis für ein gesundes Schulleben der Schüler in der *Seelenverfassung des Lehrers* selbst. Da gilt dann auch der wesentliche Satz aus dem Buch der Selbsterziehung, dass nämlich nicht die Vollendung einer Fähigkeit zählt, sondern das *Streben* nach ihr. Dieser Tatbestand aber ist *die erste Quelle der Gesundheit für die Kinder einer Klasse*. Auf diese Tatsache werden wir aufmerksam gemacht, wenn Steiner an verschiedenen Stellen die Wirkung des Lehrertemperaments auf die Schüler charakterisiert. (So z. B. in *Anthroposophische Pädagogik und ihre Voraussetzungen*, GA 309, 1. Vortrag, 13. April 1924, Bern.)

Haben wir erfasst, welche Bedeutung die innere Haltung des Lehrers für ein Gelingen des pädagogischen Prozesses hat, so wenden wir uns der Frage zu, wie der Unterricht, genauer gesagt, der Unterrichtsgegenstand auf die Schüler wirkt. Was geschieht im Kind, wenn es rechnet? Was geschieht im Kind, wenn es schreibt, was, wenn es singt oder malt? All diese Aktivitäten haben doch, abgesehen vom Lernen an sich, auch eine Wirkung auf die ganze leibliche und seelisch-geistige Verfassung der Schüler. Mit einem mehr oder weniger ausgeprägten Erziehungsinstinkt ahnen wir bereits einiges davon.

Haben wir beispielsweise einen Morgen intensiv miteinander gerechnet, werden wir zum Abschluss nicht noch singen, denn dadurch regen wir die Schüler nur weiter an, wo wir erfahren haben, dass das Rechnen sehr anregend wirkt. Hier ist es eher sinnvoll, dass wir eine Form zeichnen oder eine Geschichte erzählen, damit die Aktivität wieder zu einer gewissen Ruhe zurückfindet. Haben wir umgekehrt versucht, einen guten Text schön zu schreiben, wird uns zum Schluss ein

Lied einfallen, denn wir bemerken, wie im Schreiben alles zur Ruhe gekommen ist, ja die Kinder sogar ein wenig schläfrig geworden sind. Solche einfachen Balancen werden wir in uns verspüren, mit ihnen schöpferisch umgehen. Wir erfassen an dieser Stelle bereits eine Wirkung des Unterrichtsstoffes. Wirkt der Stoff in dem einen Fall anregend, macht sogar wach, so wirkt ein anderer Gegenstand besänftigend auf die Kinder, ja macht sie sogar müde.

Die Wirkung des Unterrichtens auf den dreigliedrigen Menschen

Wir müssen nun versuchen, die Frage zu klären, wie genau und auf welchen Teil des dreigliedrigen Menschen der Stoff im Kinde wirkt. Alles, was getan wird, wird vom Nerven-Sinnesmenschen aufgenommen. Die Kinder *sehen*, sie *hören zu*, sie sind ganz *wach* dabei. Es wird aber auch etwas *erlebt* an dem, was da aufgenommen wird. Und dieses Erleben wirkt bereits in den rhythmischen Menschen hinein. Bei einem spannenden Experiment in der Physik hält man den Atem an. Wenn eine ganze Klasse in den Prozess des Malens eintaucht, ist der Atem anders, als wenn wir zusammen kopfrechnen. Und wiederum anders ist der Atem, wenn die Kinder einer Geschichte zuhören oder wenn sie ein Gedicht sprechen. Kurz gesagt, der Atemvorgang des Unterrichts spiegelt sich im Atmen der Klasse.

In diesem Bereich der Wellenbewegungen des Erlebens – wirkend in den Atemvorgängen, aber sich auch ausdrückend durch die Atemvorgänge – liegt eine zweite Quelle der Gesundheit für die Schüler, für eine ganze Klassengemeinschaft.

Sind wir beim Durchdenken der Zusammenhänge so weit gekommen, bleibt die Frage, wie sich der Unterrichtsgegenstand und meine Art des Unterrichtens auf die Antriebskraft, auf das Tätigseinwollen des Kindes und auf die Gesamtheit der Kinder auswirkt. Ein wichtiger Hinweis ist, dass beim Kinde die drei Seelenkräfte (das gilt sicher bis zum 14. Lebensjahr) stark *ineinander* spielen. Kein Gedanke wird ohne einen Gefühlsanteil erlebt, keine Tätigkeit ohne gefühltes Vorstellen. Für den Lehrer bedeutet das, dass er auf dem rechten Weg ist, wenn er (in der Unterstufe) das Kind aus den Kräften der Mitte heraus anspricht. Das heißt aber auch, dass der Lehrer sich selber ebenso «in der Mitte» aufhalten muss. Er muss von der gleichen Ebene aus die Kinder ansprechen.

Zurück zu den Willenskräften. Sind durch unsere Tätigkeit Denken und Fühlen erweckt, ist für das Kind der Weg zum Tun ein beinahe selbstverständlicher. Ganz besonders gilt aber auch hier wieder das Vorbild des Lehrers. Tut er immer, was er (oder sie) sagt? Kinder haben ein feines Gespür für einmal Versprochenes. Wird dieses nicht eingehalten, entsteht gleichsam ein Loch im «Willensleib» einer Klasse. Wenn beispielsweise trotz einer Ankündigung die Hausaufgaben in der Folge nicht korrigiert werden, wenn Epochenhefte Monate nach der Epoche immer noch nicht nachgeschaut und zurückgegeben wurden oder wenn etwas angedroht wird, was dann aber nicht ausgeführt wird, entstehen solche Schädigungen auf der Willensebene. Das Gegenteil davon ist heilsam. Wenn der Lehrer sagt: «Übermorgen werden wir ein Ballspiel im Turnsaal machen», oder: «In einer Woche sammle ich die Hefte ein, sorgt dafür, dass sie fertig sind», und all das geschieht wie vorausgesagt, entsteht etwas Heilsames, Verlässliches nicht nur für die Schüler, sondern auch für den Lehrer selbst. Dies hat heute eine noch viel größere Bedeutung als früher, denn Erfahrungen und Erlebnisse, auf die man sich tatsächlich verlassen kann, sind rar geworden. Daher haben sie eine unermessliche pädagogische Dimension.

Zu diesem Thema gibt es eine aufschlussreiche Geschichte aus der Jugend des Theologen und Priesters Friedrich Rittelmeyer («Aus meinem Leben», Urachhaus Verlag, Stuttgart). Er schreibt dort: «Wenn ich den Ereignissen nachgehe, die aus meiner Jugend vor allem weiterwirkten, so stoße ich auf ein Erlebnis, das … dem Elfjährigen zustieß. Eines Tages erklärte der Herr Professor: ‹Ihr dürft nicht voneinander abschreiben, aber ihr dürft auch nicht voneinander abschreiben lassen; das ist gerade so schlimm; der Hehler ist so schlecht wie der Stehler.› Ich war noch gewöhnt, Lehrerworte ernst zu nehmen. Besonders bei diesem Lehrer, der der einzige war, für den ein Funke Verehrung in mir lebte. Nicht Streberei war es, auch nicht Liebedienerei, sondern eine angeborene Gewissenhaftigkeit, ja sogar ein gewisses Freiheitsstreben. Oft erlebte ich ja an meinen Mitschülern, wie ‹schändlich› es ist, wenn man erwischt wird und dann mit windigen Ausreden vor dem Lehrer steht. So klein werden vor einem Machthaber – niemals! Frei und sicher wollte ich jedem Lehrer immer entgegentreten können. Aber für solche Stimmungen war im Mitschülerkreis nicht das mindeste Verständnis. Ich wurde, als ich meine Hefte nicht mehr zum Abschreiben hergeben wollte, in den großen Bann getan. Kein Mitschüler sprach ein Wort mit mir. Von allem war ich ausgeschlossen. Viele Wochen lang. Ein einziger Schüler, der den Kosttisch bei meinen Eltern nicht verlieren wollte, sprach einmal mit mir in einer Scheune ein paar leise Worte. Das empfand ich als besonders schimpflich. Peinlicher noch war es, als mein Vater, der die Sache erfahren hatte, eingreifen und als Religionslehrer seine Konfirmanden verpflichten wollte, den Bann zu brechen. Schließlich stürzte dieser mein erster Versuch zu einem moralischen Heroismus kläglich zusammen. Ich erklärte, dass ich zwar selbst nicht abschreiben, aber die anderen nach Belieben von mir abschreiben lassen würde. Nun war alles wieder gut – abgesehen von einem Makel, der dem Verbrecher der Schülerverschwörung für immer blieb. Der Lehrer hat nie erfahren, was er angerichtet – bei dem einzigen Schüler, der ihn ernst genommen hatte. Er hat ihn nicht geschützt, weder schützen wollen noch schützen können, sondern im Stich gelassen, ja in ein Martyrium gestürzt. *Er* war in Wahrheit der Besiegte. Mit ihm aber für mich die gesamte Lehrerschaft und Lehrerautorität. Zwölf Jahre später, als ich selbst ein Lehramt in Gymnasium und Realschule zu übernehmen hatte, stieg die Erinnerung auf und gestaltete sich zu zwei Grundsätzen, die mein Lehrerwirken begleiteten: Nie fordern, wo man nicht die Wirkung im Auge hat und in der Hand behält! Immer die Empfindungswelt der Schülerseelen ganz lebendig vor sich haben!»

Für den pädagogischen Alltag gibt es hier eine Anregung Rudolf Steiners zum Erwecken des Willens beim Kinde, die von großer, pädagogischer Tragweite ist. Der Weg zum Willen geht ja bekanntlich beim Kind nicht über den Verstand. Es ist heute *das* Problem der Erziehung, dass Wille durch Belehrung, durch verstandesmäßiges Lernen erzwungen wird. Die Aufgabe liegt hier aber ganz anders. Wir haben schon gesehen, wie Denken, Gefühl und Wille zusammenhängen: «*Gefühl ist werdender, noch nicht gewordener Wille.*»[32] Der Ansatz zur Willenserziehung liegt also im Gefühl. Die tägliche, selbstverständliche Wiederholung wirkt auf das Gemüt (jeden Tag dieselbe Begrüßung, jeden Tag ein schönes Lied zum Anfang des Tages zusammen gesungen, den Morgenspruch gemeinsam gesprochen: das sind alles «Erkennungsmomente», an denen das Gemüt sich im Tun erwärmen kann). Bringen wir kleine Änderungen in die Wiederholung, heben wir sie aus dem automatischen Weiterlaufen heraus, es bedarf dies, um es zustande zu bringen, natürlich eines kleinen Willensaktes. Hier üben und fördern wir den Willen:

«*Je mehr es bei der unbewussten Gewohnheit bleibt, umso besser ist es für die Entwicklung des Gefühls; je mehr sich das Kind bewusst wird, die Tat aus Hingabe in der Wiederholung zu tun, weil sie getan werden muss, desto mehr erheben Sie dies zum wirklichen Willensimpuls. Also mehr unbewusstes Wiederholen kultiviert das Gefühl; vollbewusstes Wiederholen kultiviert den eigentlichen Willensimpuls, denn dadurch wird die Entschlusskraft erhöht.»*[33]

Haben wir bis hierher die Wirkung des Lernens auf das Denken, Fühlen und Wollen einigermaßen charakterisiert, so wenden wir uns nun der nächsten Frage zu, wie denn ein Lehrgegenstand selber auf die Kinder einwirkt.

Wie wirkt der Unterrichtsgegenstand selbst auf die Schüler?
Bildhaftes und Musikalisches

Hier eröffnet sich eine gewaltige Perspektive. Sie führt uns zum Erkennenlernen, wie der Stoff seinem Ursprunge nach entstanden ist. Wir stoßen an dieser Stelle auf die Polaritäten von Auge und Ohr, Zeit und Raum, Bild und Klang. Zugleich aber werden wir auch im Unterrichtsstoff der Synthese dieser entgegengesetzten Pole begegnen. Es kann zu einem elementaren Erlebnis kommen, wenn wir uns fragen, aus welchem Element der oben genannten wir unterrichten? Wann sprechen wir in der Hauptsache das Auge an, wann das Ohr? Wann sind wir «im Bilde», wann in der Bewegung, «im Fluss»?

Wenn wir mit den Kindern die Buchstaben erlernen, wenn wir schreiben, zeichnen, malen, plastizieren, wenn wir Pflanzenkunde unterrichten, sind wir hauptsächlich in Bildern und mit den Augen tätig; es geht um das Sichtbare. Rechnen oder singen wir, sprechen wir ein

Gedicht miteinander, wird eine Konzentrationsübung gemacht oder hören wir eine Geschichte an, dann sind wir in der Hauptsache im Bildlosen tätig. Wir begegnen hier einer das ganze Menschenleben durchziehenden Gegensätzlichkeit, in der alles Irdische sich vollzieht und in der die Seele lebt. Man kann das auch den Gegensatz von *Bildhaftem* und *Musikalischem* nennen.

Nun werden wir gewahr, dass am Anfange des Lebens vor allem das Bildhafte steht. Das Bildende, Formende, das Gestaltende führt uns ja ins Leben hinein, erst allmählich nehmen wir selbst mehr und mehr Gestalt im Raume an. Es ist ein Prozess, der im Unsichtbaren, im «Vorgeburtlichen» beginnt und sich immer mächtiger und mächtiger im Sichtbaren zeigt. Es ist daher auch verständlich, dass dieser Beginn von vorgeburtlichen Kräften gespeist wird. Wir treten aus der Unsichtbarkeit, aus der «Ungeborenheit» in die Sichtbarkeit ein, werden aber noch lange von diesen Kräften, die aus dem vorgeburtlichen Gebiet kommen, versorgt: Wachstum ist bildschaffend, daher auch das schöne Wort *Bildekräfteleib* für den Ätherleib. Diese Kräfte, die aus unserem «Ursprungsland», dem Vorgeburtlichen, kommen, kommen zur Zeit der sogenannten«Schulreife» mit ihrer «Arbeit» im Leiblichen zu einem gewissen Abschluss. Die Kräfte, die bis dahin an unserer Gestalt gewirkt haben, erhalten ein neues Betätigungsfeld: sie werden zu Verstandeskräften, zur Vorstellungskraft, zur Kraft der Erinnerung. All das beginnt nun in das kindliche Leben hereinzuwirken als eine Kraft, die das Kind benutzen kann. Die Intelligenz erreicht dadurch eine gewisse Stufe der Freiheit.

Wie ist es aber mit dem Strom der musikalischen Kräfte? Diese kommen nicht aus dem Vorgeburtlichen, sondern wirken aus dem Nachtodlichen in das Leben herein. Es sind die Kräfte des Willens, die langsam, wie in einem lang andauernden Crescendo sich mit dem Kinde zu verbinden beginnen. Sie wirken zuerst im Unbewussten auf die Ausbildung der Funktionen der Leiblichkeit, und wenn diese zu einem gewissen Abschluss gekommen sind, erwacht die kindliche Seele zur Selbständigkeit. Dieser Moment fällt ungefähr mit dem, was im anthroposophischen Sprachgebrauch sehr treffend die *Erdenreife* genannt wird, dem Geschehen der Pubertät, zusammen. Jetzt erreicht das Seelenleben eine gewisse Stufe der Freiheit.

Leben zu Beginn in der Schulzeit die Kinder hauptsächlich aus den Kräften des Bildhaften, so gesellen sich im Laufe der Jahre die musikalischen Kräfte dazu. Denn alles, was *zu seelisch* ist, kann in den ersten Jahren der Schulzeit im Kind noch nicht auf Resonanz stoßen. Erzählen wir z. B. ein Märchen, dann erleben wir, dass auch das sogenannte «Dramatische» das Kind nur als sachliche Tatsache berührt, nicht als vorgetragenes Drama. Wird das nicht beachtet, indem schon im zarten Schulalter zu viel ‹Seelisches› an die Kinder herangetragen wird, kann unter Umständen etwas wie eine seelische ‹Frühgeburt› eintreten: Die Schüler zeigen dann in der sechsten oder siebten Klasse Verhaltensweisen im Gefühls- und Willensleben, gegenüber denen keine ‹Tragfähigkeit› im Erkennen vorhanden ist. Es fehlt dann die innere Sicherheit und das Gleichgewicht, Seelisches adäquat handhaben zu können. Man kann beispielsweise an der Wahl der Klassenspiele sehen, ob der Tatsache der allmählichen Entfaltung des Seelischen Rechnung getragen wird. Da wo im Unterricht das Seelendrama zum Tragen kommt, z. B. in der Ballade, befinden wir uns schon in der achten Klasse, da wo das Tragische erlebbar wird und in der Seele etwas bewirken kann, sind wir schon weit im Oberstufenalter. Das Miterleben der Medien (Film, Fernsehen, Computerspiele) kann dieses schrittweise Erwachen der Seele ziemlich durcheinanderbringen.

Die Bedeutung des Erzählens, das Wasserfarbenmalen und die Eurythmie

Beispiele für das Zusammenwirken der entgegengesetzten Pole (Auge und Ohr, Raum und Zeit, Bild und Klang)

Nun gibt es zudem noch drei Tätigkeiten, bei denen diese polaren Kräfte zusammenwirken. Es sind Tätigkeiten bzw. Unterrichtsdisziplinen, die im Lehrplan genannt werden. Man sollte sich hier allerdings vergegenwärtigen, dass diese nicht nur in der Waldorfschule neu sind, sondern ebenso neu für die ganze Kulturwelt. Das sind die Schätzung der außerordentlichen Bedeutung des Erzählens als aktiver Bestandteil des Unterrichts, das Wasserfarbenmalen und die Eurythmie.

Im Erzählen handhaben wir das Wort, also ein musikalisches Element, erwecken aber im Kinde durch die erzählten Inhalte (innere) Bilder. Wenn wir mit den Kindern Wasserfarben malen und dies (noch) gegenstandslos, ohne festes Motiv praktizieren, arbeiten wir zwar bildhaft, erzeugen aber durch die Farben vor allem Stimmungen, die die Seele zart berühren. Dass hier vor allem die Stimmung im Zentrum steht, erlebt jeder, der einer Klasse beim Malen zusieht. Die Kinder werden plötzlich still, und das geschieht ohne eine Einwirkung von außen, sie werden, wie von selbst, durch das Malen dazu veranlasst. (Ganz anders als beim Zeichnen, das sich nur im Bilde bewegt. Dort kann man beobachten, wie immer das Bedürfnis zu plaudern vorhanden ist.) Ganz erstaunlich wirkt in diesem Zusammenhang die Eurythmie als sichtbare Sprache, anschaubar gewordenes Wort, als sichtbarer Gesang (hier ist die Seele das Instrument, nicht die Stimme), sichtbare Musik. In der Eurythmie reichen sich Raum und Zeit die Hand, da wird das Hörbare sichtbar, das Sichtbare hörbar.

Sehen wir nun von diesen drei besonderen Bereichen ab, so kann man sagen, dass sich alle Unterrichtsgegenstände innerhalb der genannten Polarität bewegen. Wie ist das oben skizzierte Verhältnis bei den anderen Fächern? Wie sieht es beispielsweise beim Lesenlernen, in der Geographie, beim Geschichtsunterricht aus, in der Pflanzen- und Tierkunde, der Handarbeit, dem Handwerksunterricht? Betrachtet man diese verschiedenen Tätigkeiten, so stellt sich die Frage, wie sie wirken: mehr *bildhaft, räumlich* oder mehr *musikalisch, zeitlich?*

Man kann sich hier fragen, warum die Beantwortung dieser Frage überhaupt von so großer Bedeutung ist. Der 2. Vortrag der *Allgemeinen Menschenkunde*[34] bietet den Schlüssel zur Beantwortung dieser Frage.

Man kann an ihm das überwältigende Erlebnis haben, dass Steiner hier eine neue, man möchte sagen, zeitgemäße Psychologie begründet. Dabei steht die Beantwortung von zwei Fragen im Mittelpunkt: Was ist *Vorstellung* und was ist *Wille*?

In seiner Darstellung öffnet Steiner dem Leser die Augen dafür, dass alle intellektuellen Betätigungen – wie das Vorstellen, das Denken, die Erinnerung, die Begriffsbildung – sich in inneren Bildern vollziehen, also eine innere Bilder schaffende Tätigkeit sind. Ein Gedanke erscheint in der Vorstellung zunächst als Bild, die wiedererweckte Erinnerung zeigt sich uns in Vorstellungsbildern. In der intellektuellen Arbeit ist also das Bild oder das Bildhafte das Medium schlechthin. In seinen Ausführungen weist Steiner nachdrücklich darauf hin, dass dieses Bildhafte im Hinblick auf die Wirklichkeit den Charakter des Scheins an sich hat, d. h. ich kann mir vorstellen, was ich will, die Vorstellung alleine bedeutet aber für die Wirklichkeit noch gar nichts. Durch die (innere) Tätigkeit des Vorstellens stehen wir selber dem Gedanken- oder Vorstellungsbild *gegenüber*. Wir bringen es zwar hervor, aber wir *sind* es selber nicht. Diese Tatsache veranschaulicht Steiner durch den Begriff *Antipathie*. Die Antipathie ist eine Kraft, mit der wir uns von einem Gegenüber, ja von der Welt distanzieren und absetzen. Sie ist von einer höheren Warte aus gesehen auch diejenige Kraft, mit der wir uns von unserem Ursprungsland der Vorgeburtlichkeit abstoßen, um hier auf Erden Eigenständigkeit zu erlangen. Das Bewusstsein für unsere Existenz im Vorgeburtlichen wird durch sie verdunkelt, gleichsam wie ausgelöscht. So haftet der ganzen Skala unserer intelligenten Betätigungen die Orientierung auf das vorgeburtliche Sein an; bei der Geburt betreten wir dann den Raum und nehmen als leibliche Existenz Raum ein.

Alles hier Beschriebene bekommt durch den Ätherleib seine Wirksamkeit. Der Ätherleib steht in Verbindung mit dem Äther der Welt, er ist zugleich der Träger der zur Verfügung stehenden Intelligenz des Menschen. Daher wird er von Steiner auch der Bildner, d. h. der Bildekräfteleib, Leib, in dem die Gewohnheiten des Menschen angesiedelt sind, der ‹Formleib› oder auch ‹Lernleib› genannt. Wenn wir nun die Frage nach der Wirkung des Unterrichts weiterverfolgen, so gibt es Unterrichtsgegenstände, die *hauptsächlich* auf den Ätherleib einwirken, ihn belehren und an ihm ihre hauptsächliche Wirkung entfalten, dazu gehört z. B. das Formenzeichnen, das Lesenlernen, das Malen, das geometrische Zeichnen.

Der Wille des Menschen als Zukunftskeim im Verhältnis zum Vorstellungsleben bzw. Denken

Wenn der Mensch die Welt betritt, so wird er auch als *Zeiten*organismus geboren. Er entwickelt sich in der Zeit. Welche Rolle spielt nun dabei der *Wille*? Der Wille des Menschen besteht darin, dass er jetzt, in diesem Augenblick etwas tun kann, dies geschieht immer aktuell, nie von gestern aus. Hier spielt nicht der Entschluss, den man auch am Vortag oder im Moment in der Vergangenheit gefasst haben kann, eine Rolle, sondern die tatsächliche Handlung, zu der man sich entschließt. Das heißt, der Wille ist zukunftsorientiert. Er zieht uns fort, ist das treibende Element unserer Lebensbahn. Er ist Ursache unserer Taten im Äußeren wie auch im Inneren. Die Taten, die wir vollbringen, vollbringen *wir selbst*. Sie hängen mit uns zusammen, sie machen unsere Biographie aus.

Es ist nun wichtig, genau zu beobachten, dass wir uns denkend ganz anders verhalten als in unseren Taten. Während man in Gedanken vieles erwägen, besinnen, phantasieren und sich vorstellen kann, dieses aber eben nur in Gedanken belassen kann, sind die Verhältnisse im Bereich des Willens gänzlich andere. Im Tun kann man nichts ungeschehen machen, getan ist getan, es gibt kein Zurück mehr. Man kann sich Schönes, Edles vorstellen, hat aber gleichzeitig die Freiheit, ganz anderes zu tun. Im Denken kann man bildlich gesprochen auch *neben der Wahrheit* stehen, es hat den Charakter des Scheins. Eine Tat dagegen ist immer wirklich, sie hat Seinscharakter, ob sie dann auch moralisch tragfähig ist, muss sich zeigen, das kann man nur hoffen. Zu moralisch tragfähigen Taten zu kommen, ist ja das große Erziehungsideal aller Pädagogik. Anders als im Gedankenleben, wo man sich selbst zuschauen kann, steckt man im Tun als ganzer Mensch darinnen. Man verwirklicht sich selbst im und durch das Tun. Daher haben wir grundsätzlich zu unseren Willensäußerungen *Sympathie*, auch wenn wir uns nachträglich für manches schämen müssen; im Moment des Handelns haben wir die Tat gewollt. Die Zukunftsorientiertheit des Willens bewirkt, dass dieser uns auch unserem Tode entgegenführt. Alles, was in unserem Handeln auf Erden unvollkommen, verbesserungsbedürftig war, wird vom Willen wie ein Keim aufbewahrt. Dieser Keim geht erst nach dem Tode auf und gibt uns dann Kraft und Orientierung, unseren Weg in der anderen Sphäre weiter zu verfolgen und die Taten womöglich wieder gutzumachen, zu verwandeln.

So scheinhaft das Denken sein kann, so real ist dagegen der Wille. Im Willen sind wir, keimhaft, noch im Werden.[35] Der Wille hat also Seinscharakter. Daher werden diese Willens-Keime von Steiner ‹über-real› genannt.

Fragen wir nach dem Organ des Willens, so zeigt es eine starke Verwandtschaft mit dem *Astralleib*. Diese Tatsache leuchtet ein, wenn man sich die Stufen der Willensentfaltung vor Augen führt.[36]

Fragen wir nun wieder auf den Unterricht bezogen, in welchen Unterrichtsfächern der Astralleib *hauptsächlich* berührt wird, so kommen wir zu anderen Gegenstandsbereichen. So wie sich der Mensch durch den Ätherleib in die *Raumes*verhältnisse einlebt, so lebt er sich durch die Astralkräfte in den *Zeiten*strom ein. Alles, was durch die *Sprache*, alles, was durch das *Musikalische* auf den Menschen wirkt, wirkt durch den Astralleib auf den Willen. Das Musikalische ist gleichsam willensverwandt, es lebt aus der Begegnung mit der Welt. Das Bildnerische ist vorstellungsverwandt, es lebt aus den Kräften, die in mir selbst liegen.[37]

Es ist ein wesentliches Verdienst Rudolf Steiners, erforscht zu haben, dass die Unterrichtsgegenstände nicht einförmig oder diffus auf den Schüler wirken. Wenn der

Schüler eine geometrische Konstruktion zeichnet, ist er innerlich-leiblich anders angesprochen, als wenn er im Oberstufenchor singt oder im Klassenzusammenhang einer achten Klasse mit den Mitschülern eine Ballade rezitiert. Der Unterrichtsstoff hat *immer* eine spezifische Wirkung. Er wirkt auf die Wesensglieder und durch diese wiederum auf die Leibbildung zurück. Daher kann der Unterrichtsstoff, sofern man diese Gesetzmäßigkeiten berücksichtigt, auch hygienisch-heilend eingesetzt werden, und genau an dieser Stelle liegt die Aufgabe des dritten Teils der Schülerbetrachtung.

Vorstellende, bildhafte Tätigkeiten zur Förderung des Ätherleibes

Wir haben uns mit der Frage, wie die verschiedenen Unterrichtsgegenstände auf das Kind bzw. den Schüler wirken, beschäftigt. Zu der Wahl des Gegenstandes gibt es nun auch noch den Gesichtspunkt, dass innerhalb eines Faches, durch die Art, *wie* das Fach unterrichtet wird, in verschiedener Weise ein Bezug zum Kind geknüpft werden kann.

Wir greifen das diesem Kapitel vorangestellte Zitat wieder auf und versuchen, die darin gestellte implizite Frage nach der *Wirkung des Unterrichtes* auf den Ätherleib, physischen Leib oder den Astralleib bzw. die Ich-Organisation nun konkret zu beantworten.

Alles, was eine *vorstellende Tätigkeit* beim Kind hervorruft, d. h. auch bildhaft dem Schüler entgegentritt, wirkt in der Hauptsache auf den *physischen Leib* und den *Ätherleib, den Bildekräfteleib*. Das gilt für

das zeichnende Malen
das malende Zeichnen
die Geometrie (zunächst freihändig ohne Hilfsmittel wie Zirkel und Lineal)
das Schreiben(lernen)
das Formenzeichnen
die Pflanzenkunde
die Handarbeit im weitesten Sinne.

Wie äußert sich nun genauer die Wirkung dieser Tätigkeiten auf das Kind? Vergegenwärtigen wir uns zunächst einmal einen so elementaren Tatbestand des Lebens wie Schlafen und Wachen. Wenn wir einschlafen, trennt sich etwas in uns. Wir verlieren unser waches Bewusstsein, alle äußerlichen, körperlichen Aktivitäten kommen zur Ruhe. Der Leib mit seinen feineren Lebensfunktionen verbleibt im Bett, und unser Tagesbewusstsein wie auch das Selbstbewusstsein verschwinden. In der Terminologie der «Allgemeinen Menschenkunde» beschreibt Rudolf Steiner, dass die *Geistseele* oder der *Seelengeist* in die geistige Welt eingeht, während der *Leibeskörper* oder *Körperleib* auf Erden verblieben ist. Anders gesagt, physischer Leib und Ätherleib bleiben im Bett oder wo auch immer liegen, der astralische Leib und das Ich halten sich währenddessen in der geistigen Welt auf.

Aus eigener Erfahrung weiß jeder Mensch, dass der Schlaf nicht ein statischer Zustand ist. Es geht während der Zeit des Schlafes im Menschen vieles vor sich, wovon er kein Bewusstsein hat, dessen Wirkungen er gleichwohl aber verspürt. Eine wichtige Erfahrung ist beispielsweise die der Erfrischung, der Regeneration der Lebenskräfte, die man beim Aufwachen am Morgen oder auch nach einem kurzen und entspannenden Mittagsschlaf verspürt. Bei sensiblerem Wahrnehmen erfährt man, dass diese Erfrischung sich nicht nur auf die Leibes- und Lebenskräfte erstreckt, sondern auch auf die Seelenkräfte. Wir erleben hier hauptsächlich die Wirkung des Ätherleibes, der besonders in der Nacht seine Aktivität verstärkt ausübt. In diese Aktivität ist auch die Lernerfahrung, das, was am Tag aufgenommen und gelernt wurde, mit eingeschlossen. Steiner beschreibt[38] nun die besondere Eigenart des Ätherleibes. Seine Tätigkeit geht über das oben Skizzierte hinaus, er *lernt* gleichsam in dem nächtlichen Wirken *weiter*. Das am Tage Erfahrene wird nun fortgesetzt und zur Reife gebracht. Auch diese Tatsache ist der gewöhnlichen Erfahrung teilweise zugänglich: Es können einem zum Beispiel am Morgen Dinge einfallen, die wir am Abend davor noch als eine ungelöste Frage in uns trugen. Der Ätherleib lernt also weiter, bewegt die Probleme in sich und bringt neue Einfälle hervor. Hier ist ein weitreichendes Forschungsfeld angetippt, das durch vertiefte Forschungen aufgearbeitet werden kann.

Rechnet man nun mit der Gesetzmäßigkeit des Ätherleibes, so besteht der erste Schritt in ein modernes Lehrerbewusstsein darin, dass ich versuche, dieses Wissen in mir zu tragen, damit zu leben und es in meine Unterrichtsgestaltung mit einzubeziehen. Die Trennung der Tage durch den Schlaf in der Nacht ist kein «Loch», sondern ein Fortweben und Fortwirken; am nächsten Morgen fange ich nicht von vorne an, sondern baue an dem bereits Erarbeiteten weiter. Daher muss der Unterricht die Gelegenheit bieten, diese Früchte wieder hervorzulocken, ihnen Raum und Entfaltung zu verleihen.

In diesem Zusammenhang sei noch auf eine Tatsache hingewiesen. Man könnte annehmen, dass das so Gelernte in die geistige Welt mitgenommen wird. Das ist aber *nicht der Fall*, es wird gerade *nicht* vom Bewusstsein getragen. Das Bewusstsein *stört* diesen durch Tage und Nächte gehenden Lernprozess sogar! Hier herrschen die Gesetze des Ätherischen.

Der Gegensatz zum ätherisch getragenen Lernen ist zum Beispiel der Geschichtsunterricht. Davon ist später ausführlich die Rede. Doch so viel hier: Rechnen kann man nicht im üblichen Sinne begreifen, man kann es nur tun und dadurch einüben. Verkürzt gesagt: es ist eine Gewohnheit, die im Verkehr zwischen mir und der Welt entsteht. Gerade das Rechnenüben und besonders das häufige Üben von Rechenaufgaben ist, ganz entgegen der landläufigen Meinung, vom ätherischen Standpunkt gesehen, ein sehr gesunder Vorgang. Manchmal kann man geradezu beklagen, dass an Waldorfschulen diesem wunderbaren Üben des Rechnens nicht immer der Stellenwert zukommt, den es eigentlich verdient. Der Ätherleib bleibt über Nacht im Bett und ‹übt› weiter.

Ganz anders wirkt dagegen der Geschichtsunterricht. Sehen wir von den dazu gehörenden schönen Geschichtsbildern mal ab, so kann man die Frage stellen: Worauf kommt es beim Geschichtsunterricht vor allem an? Doch auf die Urteilsfähigkeit. Auf die Flexibilität, mit denen die Schüler lernen, Urteile zu bilden. Daher rührt auch der noch nachwirkende, alte Instinkt, mit dem Geschichtsunterricht nicht zu früh zu beginnen, denn Urteile bilden heißt den Astralleib anzustrengen. Dafür muss er allerdings erst eine gewisse Reife, eine gewisse Unabhängigkeit vom Leibe haben, bevor er lernt, urteilsfähig zu werden. Deshalb empfiehlt Steiner, im Geschichtsunterricht eine historische Persönlichkeit von mehreren Seiten zu beleuchten.

Schon dieses Gegensatzpaar ist in der Kinderbetrachtung bei älteren Schülern wunderbar zu gebrauchen. Welchem Siebt- oder Achtklässler tut man einen Gefallen, indem man ihn Biographien von bedeutenden Persönlichkeiten lesen lässt? Gerade dem, den man im Gebrauch seiner Urteilsfähigkeit stärken will! Und dem, den man in seiner seelischen Gewandtheit fördern will! Welchen Schüler lässt man dagegen extra Mathematikaufgaben machen? Gerade denjenigen, der an Festigkeit in seinem Verhältnis zur Welt, in seinem Ich-Welt-Bezug noch etwas Förderung gebrauchen kann. Einem Schüler, der solche Phantasiekräfte hat, dass ihm Ehrlichkeit keine Selbstverständlichkeit ist, hilft man mit Mathematik, nicht mit Biographien. (Auch geometrische Übungen können da eine Hilfe sein.)

Rechnen mit den nächtlichen Nachwirkungen der Tagesarbeit

Ein zweiter Schritt in ein modernes Lehrerbewusstsein ist der, dass wir als Lehrer den Auftrag verspüren, *Ver-*

trauen in diese fortwährende unbewusste Tätigkeit des kindlichen Wesens und seines ätherischen Leibes auszubilden. Diese Empfehlung mag gegenüber der heute üblichen Auffassung, die vornehmlich auf *Bewusstsein*, auf *Erkennen*, auf frühe *Selbständigkeit* setzt, wie ein gewaltiger Gegensatz erscheinen. Doch passt sich der Lehrer den Forderungen des Mainstreams an, leistet er diesem Denken Vorschub, dann schnürt er die Kinder von der schöpferisch-bildenden Kraft des Ätherischen ab. Bis zum zwölften Lebensjahr sind die Kinder in der Hauptsache auf die oben geschilderte Wirkung des Ätherleibes angewiesen. Versucht der Lehrer in diesem Sinne zu arbeiten, wirkt der Unterricht gesundend. Folgen wir dem Irrtum des verfrühten Aktivierens des kindlichen Bewusstseins, werden wir später mehr und mehr Steine aus dem Weg der kindlichen Entwicklung zu räumen haben. Die Frage nach dem vermehrten Auftreten sogenannter «schwieriger» Kinder hat meiner Überzeugung nach mitunter auch hiermit zu tun. Die Aufgabe des Lehrers, auf den Punkt gebracht, lautet: das richtige Schlafen und Wachen lernen.[39]

Das «richtige Schlafen und Wachen lernen»

Was bedeutet das für unsere Schulpraxis? Wohl, dass wir mehr auf das *Tätigwerden* und das immer wiederholte Tätigwerden hinarbeiten, sodass Lernen eher ein Lebensvorgang als ein Lernprozess werden kann. Im Gegensatz zu einem rein belehrenden, nur faktisch informativen Lernen. Wenn der Lehrer stattdessen seinen Stoff so ausarbeitet, dass er gleichsam aus dem «Vollen» schöpft, aus dem Bilde und dem bildhaften Vergleich, sprechen viele Inhalte für sich und müssen nicht durch definierende Festschreibungen abgelähmt werden, dann spricht der Inhalt für sich. Wie hier auf der einen Seite das Betonen der Bildhaftigkeit und Lebendigkeit steht, so gehört zu dieser Forderung unmittelbar der konkrete Bezug zum Leben, die echte Wirklichkeit als Inspirationsquelle unabdingbar dazu, sonst würde man womöglich ins Phantastische, Fiktive, ja Suggestive geraten.

Fassen wir das hier Gesagte im Bilde zusammen. Das Kind hat seinen Leib aufgebaut. Das Schiff ist fertig. Die Arbeiter, die das Schiff gebaut haben, werden nun umgeschult, um als Besatzung das Schiff auch fahren zu können, sie werden zu Matrosen, und der Bootsmann, die Deckknechte werden eingewiesen. Der Steuermann und der Kapitän aber sind noch nicht an Bord.

Die musikalischen und in der Zeit verlaufenden Tätigkeiten als Anregungen für die Ausbildung des Astralleibes

Schauen wir uns jetzt einige weitere Unterrichtsgegenstände an. Wie wirken

Tierkunde
Geschichte
Menschenkunde
Sprechen (der Rezitation), Singen und Schauspiel?

Man sieht, einige der oben genannten Fächer haben mehr mit uns selbst, dem Menschen selbst, zu tun als die vorigen. Bei der Tierkunde steht immer die Frage, wie sich das Geschilderte zu uns selbst verhält, im Hintergrund. In der Entdeckung der spezifischen Wesenseigenschaften der Tiere kann dem Kinde die Qualität des Menschen erlebbar werden. Das Tier führt die Seeleneigenschaften des Menschen gleichsam ins Extrem. Was erlebe ich an der Schilderung des Löwen, was am Maulwurf? Dagegen lernt man im Fach Geschichte den Menschen als einen Teil der gesamten Menschheit kennen und kann die Auswirkungen seiner Handlungen studieren. Wir werden vor innere Fragen gestellt. War diese oder jene historische Figur ein guter Mensch oder war sie ein Bösewicht? Es ist klar, dass der Geschichtsunterricht in den unteren Klassen sich nicht in erster Linie um Objektivität bemühen muss, sondern um lebendige Bilder des Geschehenen. In der Oberstufe greift man auf die so angelegten Bilder zurück und verobjektiviert sie. Man erlebt, dass der Bezug zum Stoff in der Unterstufe auf jeden Fall seelischer ist, aus dem Gefühl ergriffen. In der Oberstufe wird er intellektueller, geistiger und daher objektiver. Der Gegenstand Geschichte fragt nach einem Bezug zum Kind. Noch deutlicher tritt das bei der Menschenkunde hervor.

Die oben genannten Lehrinhalte wirken, wie Steiner ausführt, auf den astralischen Leib und auf die Ich-Organisation. Was bedeutet das? Vergegenwärtigen wir uns das Kind der Unterstufe. Sein Seelenleben ist ein Mitschwingen mit dem Leben, d. h. durch seine Umgebung (also auch in der Schule) auf es einströmenden Seelenregungen. Erst allmählich findet es den Weg, um sich aus der umgebenden Stimmung heraus selbst zur Arbeit und zum Lernen zu bewegen. Es muss sich gleichsam erst erwecken, um einen Stoff für das Lernen eigenständig zu ergreifen. Wie man beim Unterrichten wahrnehmen kann, gibt es da die größtmöglichen Unterschiede zwischen den Schülern. Wir dürfen aber von der Annahme ausgehen, dass in der Unterstufe Seele (astralischer Leib) und Ich-Organisation *im* Kinde noch nicht die Reife haben, die zur Selbständigkeit führt. Das ist einerseits der Grund dafür, dass das Unterrichten der Inhalte an eine bestimmte Altersstufe gebunden ist. Außerdem liegt eine Tatsache vor, die von Steiner in einfachen Worten dargelegt wird: «*Das* [der Unterricht in den genannten Fächern] *nimmt der Mensch beim Einschlafen aus dem physischen und Ätherleib heraus mit in die geistige Welt.*» Diese Inhalte werden also vom Ätherleib während des Schlafes! *nicht* «weiter gelernt», wie wir das oben für die das Vorstellungsleben fördernden Unterrichtsgegenstände beschrieben haben. Es ist sogar so, dass durch deren Wirken auf die geistig-seelische Organisation die «*Tendenz*» vorhanden ist, den Unterricht während des Schlafes zu vergessen, er wird, wie Steiner beschreibt, «*unvollkommener*» und er wird «*blass*».[40]

Was wir irgendwie beim Unterrichten gefühlsmäßig bereits ahnten, zeigt sich hier als eine krasse, gegensätzliche Wirkung auf die Kinder. Es wird nun verständlich, dass wir bei diesen Unterrichtsstoffen versuchen sollten, einen Bezug zum Ätherleib herzustellen. Das wird geschehen, wenn der Lehrer auch hier das bildhafte Sprechen, das Bild zur Geltung bringt, also einen «anschaulichen» Unterricht gibt. Die Wirkung auf den Ätherleib ist dann beispielsweise so zu charakterisieren, dass wir etwas aus der Geschichte erzählen, eine Pflanze beschreiben oder uns mit dem Skelett beschäftigen und wir den Gegenstand so lebendig und anschaulich schildern, wie wir nur können.

Der nächste Schritt ist dann, dass wir über das Geschilderte charakterisierend eine Art Nachsatz hinzufügen, aber nun nicht mehr «im Bilde». Wir sind nicht mehr im Gegenstand darinnen, sondern charakterisieren ihn von außen. Die eine Arbeitsweise zielt auf die *Seele*, die andere auf den *Ätherleib*. Dann beenden wir das Thema. Steiner sagt zu diesem Vorgehen, dass in der darauffolgenden Nacht der behandelte Stoff sich im Ätherleib *«wie eine Photographie»* festsetzen kann. Daran knüpfen wir am nächsten Morgen an, indem wir – dem Alter der Kinder entsprechend – urteilend über das Vorherige mit ihnen sprechen. Die Verbindung zwischen dem Physisch-Ätherischen und dem Geistig-Seelischen ist herbeigeführt worden.

Mancher neue Lehrer mag möglicherweise den Eindruck erhalten, als ob diese Arbeitsweise zunächst etwas Künstliches hat, das der Spontaneität zuwiderzulaufen scheint. Wenn man nun den Versuch unternimmt, die Anregungen einmal probehalber durchzuführen, wird man sehen, dass sie wirken und der Unterricht dadurch wesentlich geschmeidiger wird. Man wird aber bei wiederholter Anwendung der Methode auch bemerken, dass sie sich zu einer Art «Instinkt» für das Richtige im Unterrichten verwandelt.[41] Auf jeden

Fall befreit der Lehrer sich so aus der Falle ‹Geschichte ist nur erzählen›.

Die Sonderstellung von Geographie, Rechnen und Geometrie

Eine ganz besondere Stellung nehmen, die Wirkung auf das Kind betreffend, die *Geographie,* das *Rechnen* und die *Geometrie* ein.

Geographie
Über die Wirkung des Geographieunterrichts gibt es von Steiner folgenden Hinweis: «*Und wenn wir das räumlich betrachten, dann ist es in gewisser Weise immer für unseren astralischen Leib ein Sich-auf-die-Beine-Stellen, wenn wir Geographie mit dem Kinde treiben. Es wird tatsächlich der astralische Leib unten mächtiger und dichter. Wir treiben das Räumliche und wir verdichten daher das Geistig-Seelische des Menschen nach dem Boden hin.*» So fungiert der Geographieunterricht, also das räumliche Erkunden unserer Erde, auf einer tieferen Ebene als Inkarnationshilfe. Das Geistig-Seelische des Kindes verbindet sich mit den irdisch-räumlichen Verhältnissen, kommt gleichsam auf der Erde an. Des Weiteren wird ausgeführt, wie Geographie einen moralischen Impuls der Mitmenschlichkeit in den Kindern erweckt. Das Kind stehe liebevoller seinem Mitmenschen gegenüber, wenn es einen «verständigen» Geographieunterricht erfahren habe. Dieses beschreibt Steiner für die Zeit ab dem 12. Lebensjahr.[42]

Wir erfahren aus den Forschungen Rudolf Steiners, wie dieser Unterricht, wenn er «vernünftig» betrieben wird, eine Wirkung auf das Befestigen des Geistig-Seelischen nach «unten» hin hat. Das Interesse an der räumlichen Welt hat zudem eine Wirkung auf die seelischen Fähigkeiten als Erdenmenschen, auch hier finden wir eine Geste des sich Verbindens, nun allerdings mit dem andern Menschen. So mag der Hinweis, dass Geographieunterricht eine Auswirkung auf das Moralische des Menschen habe, in seiner grundlegenden Bedeutung nachvollziehbar sein. Das große Gewicht eines solchen Faches charakterisiert Steiner ganz unmissverständlich, indem er sagt: «... *und das Zurückdrängen der Geographie bedeutet nichts anderes als eine Aversion gegen die Nächstenliebe, die sich in unserem Zeitalter immer mehr und mehr zurückdrängen lassen musste.*» Der Geographieunterricht ist nun besonders für den Entwicklungsschritt, der sich um das zehnte Lebensjahr herum ereignet, von allergrößter Bedeutung. Im Zusammenschauen aller oben skizzierten Aspekte zur Bedeutung des Geographieunterrichts erleben wir leise mitklingend im Hintergrund den intimen, aber zugleich bedeutenden Umschwung, der mit dem Kinde um das zehnte Lebensjahr herum vor sich geht, wenn es lernt, sich selber von der Außenwelt zu unterscheiden. Geographie ist gleichsam *der* Geburtshelfer bei diesem zarten Prozess.

Diesen meist unter der Oberfläche des Sichtbaren verlaufenden Prozess hat Steiner einmal mit dem «Gehen über den Rubikon» verglichen. Seitdem spricht man in der deutschen Schulbewegung von dem Rubikon. Aber was heißt das? Es heißt, eine Grenze zu überschreiten, in ein Neuland aufzubrechen. Und zwar auf solch eine Weise, dass man danach nicht mehr zurückkehren kann. Die Seele hat den definitiven Schritt gemacht, sich auf die Welt mit all ihrer Schönheit, aber auch mit all ihren Gefahren einzulassen. Wann kann sie diesen Schritt wagen? Wenn sie einen Teil des Astralleibes verselbständigt hat, der die Leibesprozesse bedient und einen anderen Teil freigibt, um sich der Welt anzunehmen. Befestigung nach unten, teilweise Befreiung nach oben. (Die völlige Befreiung findet dann in der Pubertät statt, die bekanntlich mehr als Geschlechtsreife allein ist.) Man kann auch sagen, das Kind verlässt das goldene Zeitalter der Kindheit, es verlässt das Paradies. Dieser Vorgang spiegelt sich wunderbar im nun einsetzenden Geographieunterricht. Was heißt das für die Kinderbetrachtung?

Haben wir uns als Lehrer so ausgebildet, dass wir den zarten Prozess, den Steiner das «über den Rubikon Gehen» nannte, an unseren Schülern wahrnehmen? Sehen wir das Kind, das sich unerwartet zurückzieht? Sehen wir das Mädchen, das unerwartet Nähe sucht, auf einmal wieder auf dem Schoß des Lehrers oder der Lehrerin sitzen will; eine Gewohnheit, die es schon seit Jahren abgelegt hatte? Sehen wir die Buben, die nicht wissen, wie sie sich verhalten sollen, hören wir von unerwartet auftretender Ängstlichkeit? Und dazu kommt manchmal ganz überraschend: Auf einmal stehen drei Eltern vor der Tür, die sich gegenüber der Schule auf einmal verunsichert fühlen. Die bisher gekannte Ordnung gerät auf einmal ins Wanken.

Nun kommt eine Geographieepoche. Der Lehrer freut sich auf dieses Fach, weil es ein schönes Fach ist und er die Schüler in einen Teil der Welt einführen darf. Das ist gleichsam der normale Zustand. Der *Mehrwert* dieser Gelegenheit entsteht dadurch, dass der Lehrer aus der Menschenkunde *wissen kann*, dass dieses Fach in diesem Entwicklungsmoment für das Kind eine Art Seelentrost ist. Man könnte das so formulieren: Du darfst jetzt in die Welt gehen, dieses Fach bietet dir Sicherheit, Wegweisung.

Sehen wir nun Schüler, die vor diesem Schritt aus welchem Grunde auch immer zurückschrecken, haben wir in der Geographie tatsächlich einen liebevollen Geburtshelfer. Wenn wir uns dessen bewusst sind und ihn entsprechend handhaben, will er gerne helfen.

Geschichte

Unterrichten wir Geschichte, können wir empfinden, wie ein anderer Teil der Seele angesprochen wird. Geschichte ist, könnte man sagen, gegenüber der Geographie gleichsam «höher angesiedelt». Hier steht nicht so sehr der Raumaspekt im Mittelpunkt, sondern der zeitliche Verlauf von bestimmten Ereignissen, die Biographien und Handlungen von Menschen. Die Wirkung dieser Stoffe wirkt auf die Seele auch gliedernd und «plastizierend», indem die Kinder zu stärkeren Gefühlsurteilen aufgefordert werden: Das war ein Held, der andere eher das Gegenteil; das war sehr weise getan; das war ein verwegener Streich usw. Es handelt sich also mehr um die seelische Ebene, den Gefühlsbereich. So kann man beobachten, dass die Geographie eher das fühlende Wollen anspricht, während der Geschichtsunterricht das fühlende Denken hervorruft.

Rechnen und Geometrie

Zunächst sei als Vorbemerkung auf die einfache Tatsache hingewiesen, dass gegenüber den anderen Unterrichtsgegenständen, bei denen man genau darauf achten sollte, *wann* der richtige Moment gekommen ist, um mit ihnen zu beginnen (Lesen lernen, Geschichte, Erdkunde, mehrstimmiges Singen, Physik, Chemie usw.), das Rechnen im Hinblick auf den Zeitpunkt uns keine Sorge macht, denn gerechnet wird immer, vom ersten bis zum zwölften Schuljahr. Das zeigt uns bereits, dass Rechnen ein ganz allgemein menschliches Vermögen ist, das als Möglichkeit da ist, sobald der Mensch denken kann und sich in ein Verhältnis zur Welt setzt. Die Welt ist ja nach Maß und Zahl geordnet. So kann man beim Kinde beobachten, wie das Rechnen damit beginnt, dass es anfängt, Gliederungen zu erkennen. Diese Anfänge entwickeln sich dann schnell weiter bis zu der hohen Kunst der Mathematik, die schon bald nicht mehr der gegenständlichen Welt bedarf.

In diesem Zusammenhang kann auf uns folgende Aussage Steiners über das Rechnen einfach beglückend wirken. In dem zitierten Zusammenhang schildert er zunächst, was wir bereits kennengelernt haben, wie die Unterrichtsgegenstände ihre unterschiedlichen Wirkungsbereiche im Menschen haben, also mehr das Ätherisch-Leibliche oder mehr das Astralisch-Seelische fördern, und was in der Nacht mit diesen Erlebnissen geschieht. Dann kommt er auf das Rechnen und die Geometrie zu sprechen:

«Rechnen, Geometrie spricht zu beiden; das ist das Merkwürdige.» Rechnen und Geometrie wirken also auf das Ätherisch-Leibliche sowie auf das Geistig-Seelische. *«Und daher ist wirklich in Bezug auf den Unterricht und die Erziehung Rechnen sowohl wie Geometrie, man möchte sagen, wie ein Chamäleon; sie passen sich durch ihre eigene Wesenheit dem Gesamtmenschen an.»*[43]

Diese Sätze bergen so manches Geheimnis. Bei den bisher besprochenen Unterrichtsgegenständen gab es immer mögliche Einseitigkeiten, denen man beim Unterrichten Rechnung tragen muss (so empfiehlt Rudolf Steiner beispielsweise, dass das Kind Lesen lernen solle, wenn es das selber ‹will›, es ist ihm wichtig, dass nicht zu früh intellektualisierte Unterrichtsthemen behandelt werden und dass kein verfrühtes Urteilen gefordert wird etc.). Beim Rechnen erfahren wir das Umgekehrte: der Gegenstand passt sich an das Kind an und zwar an das ganze Kind. Das heißt: Keine Zeitbegrenzung nach unten.

Dort liegt auch die Antwort auf die Frage, warum Kinder immer rechnen können (natürlich den Altersstufen entsprechend), und der Hinweis darauf, dass im Rechnen Kräfte liegen, die gesundend auf das Kind wirken, da ja der «Gesamtmensch» beim Rechnen angesprochen ist. Das bedeutet, die Aktivität des Rechnens selbst ist dem Menschen zutiefst verwandt. Es hat eine gewisse Tragik, dass der falsch verstandene Zeitgeist einen so einseitigen Akzent und dadurch auch Druck auf die Mathematik legt. Fast alle Unterrichtsgegenstände werden ‹mathematisiert›, wodurch die herrliche Betätigung zu Aversionen führt, die das Gegenteil von dem bewirken, was das Rechnen und die Mathematik am Menschen bewirken könnten. Die Mathematik verdient es, aus ihrer Fremdbestimmung erlöst zu werden, sodass das Kind Freude an dem Fach selber und als Folge davon auch an den Anwendungen im Leben haben kann.

Wie schon dargestellt wurde, sind in der Unterstufe die Seelentätigkeiten (z. B. die Urteilsfähigkeit) und in der Oberstufe die Ich-Tätigkeit (z. B. das Fassen von Intentionen, das zu tun, was man für richtig hält) nur begrenzt wirksam, da sie sich noch nicht zu freien Möglichkeiten emanzipiert haben. Der ganze Unterricht zielt darauf hin, diese Emanzipation zustande zu bringen. Bildlich gesprochen kann man die Zurückhaltung Steiners gegenüber der zu frühen Förderung der oben skizzierten Fähigkeiten folgendermaßen betrachten: Auf einer Geige, die noch im Bau ist, kann man nicht spielen; tut man es doch, spannt man behelfsmäßig Saiten auf und beginnt zu streichen, so muss man in Kauf nehmen, dass man vom Klang des Instrumentes nicht viel zu erwarten hat.

Solche langen Umwege des Erklärens macht Steiner nicht, wenn er den Sachverhalt charakterisiert. Er sagt schlicht: gegenüber der Lernfähigkeit und Dynamik des Ätherleibes wirken die astralische Organisation und die Ich-Organisation träge und, wenn sie zu früh eingespannt werden, ohne rechtes Verständnis. Der Ätherleib aber rechnet und zeichnet auch während der Nacht weiter, vervollkommnend die Fähigkeiten, die am Tage geübt wurden, woran das Gefühl dann seine Freude hat und dadurch das Wollen befeuert. Mit anderen Worten: Wenn man so rechnet, dass nur das Gefühl versteht, was man tut, und man weitermacht und wiederholt, dann lernt man nicht nur Rechnen, sondern erkraftet den Bildekräfteleib und den Seelenleib, gerade indem man den Letzteren in Ruhe lässt.

Hier liegt ein für die Didaktik im Sinne der Waldorfschulen prinzipieller Ansatz, der es verdient, dass wir dabei etwas verweilen: Wenn wir erfahren, dass Politik heute eigentlich nur von Wirtschaftsleben und Geld angetrieben wird; wenn man einen einfachen Taschenrechner ansieht, auf dem die Taste «+» viermal so groß ist wie die Tasten für das Dividieren, Subtrahieren oder Multiplizieren; wenn man erlebt, wie das Weltgeschehen weitgehend finanziell beurteilt wird: dann kann man ein Gespür dafür entwickeln, wie intensiv das Rechnen durch die Kräfte des Egoismus umgarnt worden ist. Rechnen wir aber aus *diesem* Ansatz heraus, dann wird die gesundende Wirkung auf den «Gesamtmenschen» (!) zunichtegemacht: Mathematik dient dann einer dem Menschen entfremdeten Absicht.

Wenn man versucht, das zu verstehen, wird sichtbar, wie das Rechnen tatsächlich auf das Physisch-Ätherische wirkt und wie auf das Geistig-Seelische.

Es ist ja allgemein bekannt, dass Steiner empfahl, das Rechnen *nicht aus dem Addieren* heraus zu veranlagen, sondern aus dem *Dividieren,* weil von einer

Einheit ausgegangen werden soll. Wie kann man das genauer verstehen? Der Sprachgebrauch gibt uns hier eine Verständnishilfe, um die Einheit als das Erste, das Höchste zu erleben. Wir sprechen vom ‹primus inter pares›, vom 1. Preis, die Gymnasiasten der höchsten Klassen sind im Gymnasium in der Prima oder Oberprima, und solange Michael Schumacher der Erste war, fuhr er seine Runden. Das *Eine*, das einheitlich *Ganze*, bildet hier den Hintergrund, aus dem heraus sich die Welt entfaltet, man könnte auch sagen die Schöpfung oder Gott. Aus diesem ersten Prinzip ist alles entstanden. Das Addieren dagegen ist ein Bild, in dem das zusammengebracht wird, was schon geteilt war, also aus der Ganzheit herausgelöst, es hat auch ein moralisches Motiv, welches das Seelisch-Geistige berührt. Das alleine wäre schon Grund genug, den Rechenunterricht nicht damit zu beginnen. Ein weiteres menschenkundliches Motiv liegt aber auch darin, dass das Addieren keine Tätigkeit ist, die dem sich gliedernden Ätherleib entspricht. Dem Ätherleib ist diese Aktivität gleichsam fremd, während er sich in all den Tätigkeiten, die eine sich gliedernde ist, erkennt. Hat sich diese gliedernde Tätigkeit durch den Unterricht gefestigt, dann kann das additive Zählen keinen Schaden mehr anrichten, *«denn das ist eine Tätigkeit, die lediglich hier im physischen Raum eine Bedeutung hat, während das Gliedern der Einheit eine solche innere Bedeutung hat, dass es wiederum fortschwingt im ätherischen Leib, auch wenn der Mensch nicht dabei ist.»*[44]

Abschließend sei noch Folgendes bemerkt. Gerade weil es so stark auf das Zusammenleben von «oberem» und «unterem» Menschen ankommt, gilt für den Rechen- und Geometrieunterricht verstärkt, was für allen Unterricht gilt: er muss spannend sein, Interesse wecken und aus dem Leben schöpfen. Gelingt das, so haben wir eine Quelle für leibliche und seelische Gesundheit zum Fließen gebracht.

Handarbeit, Handwerk, Turnen, Gartenbau
Auf einen ganz anderen Bereich ist unser Blick gerichtet, wenn wir uns Fächern wie *Handarbeit, Handwerk, Turnen, Gartenbau* und dergleichen zuwenden. Bei diesen Unterrichtsgegenständen ist die vordringlichste Erfahrung selbstverständlich *die leibliche Betätigung, die Fingerfertigkeit und Anstrengung*. Was bedeuten diese Aktivitäten für das Kind bzw. den Schüer?

Haben bis jetzt die Polaritäten Vorgeburtliches / Nachtodliches, Vorstellung / Wille oder auch Bild / Klang ins Auge gefasst dazu beigetragen, Gesichtspunkte für eine dem tieferen Wesen des Menschen entsprechende Fähigkeitsbildung anzuregen, so wenden wir uns nun einer anderen Polarität zu.

Die Polarität zwischen dem Leiblichen und dem Geistigen des Menschen

Spricht man vom Leiblichen, so steht dazu polar das Geistige, der Geist. Wir können auf einer ersten Stufe zunächst ganz naiv erleben, wie diese beiden Pole zusammenhängen. Jedem ist wohl die Erfahrung einer außerordentlichen Lernanstrengung vor einem Examen bekannt. Man hat vielleicht einige Zeit lang den ganzen Tag intensiv studiert und gepaukt. Nach solchen Tagen kann man bemerken, dass man leiblich müder ist als nach einer rein körperlichen Anstrengung. Wer eine Nacht lang durchgearbeitet hat, kennt die Erfahrung verstärkt: Der Leib muss hergeben, was der Intellekt beansprucht hat. Das Gegenteil ist ebenso bekannt: Körperliche Arbeit regeneriert den Geist, macht ihn wieder frisch. Dieses sich gegenseitige Bedingen von leiblicher und intellektuell-geistiger Arbeit ist eine Lebenstatsache. Wohl dem, der gelernt hat, diesen Pendelschlag richtig einzusetzen. Wie verhält sich nun dieses Spannungsgefüge in der Pädagogik?

Der Lehrer sollte sich ein Phänomen bewusst vor die Seele stellen: der Bewegungswille des Menschen ist ein Mysterium! In einer Zeit, in der die Wissenschaft fast alle Geheimnisse der Vererbung aufgeschlüsselt hat, ist eine so alltägliche Erfahrung wie die folgende noch immer ein Geheimnis: Wie kommt es, dass in dem Moment, in dem ich denke, dass ich jetzt einen Schritt machen oder eine Tasse heben will, das dann auch wirklich geschieht? Wie kann man sich dieses Geheimnis der Bewegung erklären? Anders gesagt, wie kommt es, dass eine Intention, die ich fasse, auch wirklich umgesetzt wird? Die Wissenschaft stellt sich diese Fragen nicht, da sie – nach Steiner – irrtümlicherweise davon ausgeht, dass die Nerven es sind, die das Kommando, z. B. das des Armstreckens, geben und dann zur Ausführung weiterleiten. Steiner behauptet dagegen, die Nerven könnten die Bewegungen nur wahrnehmen, nicht aber initiieren. Der Übergang vom Vorstellen zur

Tat ist, so Steiner, ein *geistiger* Vorgang, der an seinem wesentlichen Punkt *kein* physisches Korrelat hat; am Übergang zwischen der im Verstand bzw. Geiste gefassten Intention und ihrer Verwirklichung durch den Leib befindet sich ein Sprung. (Wer sich z. B. die Fingerfertigkeit beim Schreiben, beim Klavierspielen oder die Körperfähigkeiten beim Sport ansieht und bedenkt, dass all diese Bewegungen von einem Ich gewollt sind, der sieht dieses offenbare Geheimnis des Willens und der Bewegung sich vor seinen Augen vollziehen.) Nur langsam lüftet sich der Schleier dieses Geheimnisses in der Wissenschaft in Richtung von Steiners Aussagen.

Vor diesem Hintergrund können wir nun auch den Ausspruch Steiners verstehen: «... *indem Sie Ihre Glieder zur Arbeit bewegen – zur nützlichen oder unnützlichen Arbeit bewegen –, plätschern Sie fortwährend im Geiste herum, haben es fortwährend mit dem Geiste zu tun.*» Wir gehen wohl nicht fehl, wenn wir das Geistige hier auffassen als eine übersinnliche Tätigkeit, nicht als einen Bewusstseinszustand. Es ist aber eine Geistigkeit von außergewöhnlicher Qualität. So wie wir das Geistig-Seelische in uns tragen und uns dessen zum Teil bewusst sind – daher und daran arbeiten können –, so gibt es auch ein Seelisch-Geistiges der Welt, das sich außer uns befindet. Wir berühren hier eine ganz neue Polarität, nämlich die von Innen und Außen, Punkt und Umkreis. Auf diese Art und Weise können wir gleichsam erlebend in den folgenden Gedanken hineinwachsen: «*Wenn wir körperlich arbeiten, da ist höchstens, indem wir uns durch die Gedanken die Richtung zum Gehen geben, durch die Gedanken orientierend wir-*

ken, unser Geistig-Seelisches im Innern beteiligt; aber das Geistig-Seelische von außen ist beteiligt. Wir arbeiten fortwährend in den Geist der Welt hinein. Wir verbinden uns fortwährend mit dem Geiste der Welt, indem wir körperlich arbeiten. Körperliche Arbeit ist geistig, geistige Arbeit ist leiblich, am und im Menschen. … Der Geist umspült uns, indem wir körperlich arbeiten. Die Materie ist bei uns rege, indem wir geistig arbeiten» («Allgemeine Menschenkunde», 13. Vortrag, 4. September 1919). Hier haben wir Hinweise in zwei Richtungen: Sogenannte körperliche Arbeit ist *geistiger* Natur und sogenannte geistige Arbeit (das Lernen im engeren Sinne) wirkt auf die Leiblichkeit des Menschen.

Eurythmie als eine das Leibliche und Geistige harmonisierende Tätigkeit

Das hier Dargestellte wirft auch ein Licht auf die Eurythmie, dieses außergewöhnliche Geisteskind Rudolf Steiners. Andere sind berufener, hierüber Wesentliches zu sagen, aber in dem hier besprochenen Zusammenhang charakterisiert Steiner selber, wie die Eurythmie zwischen Geist und Leib wirkt. Im Sinne des oben Dargestellten wird beschrieben, wie alle Organe, die sich an der Eurythmie mit betätigen, wie durchsetzt sind vom Geist. Durch die sinnerfüllten Bewegungen löst sich das Geistige aus den Organen und strömt nach oben. Es wirkt wie *«eine Erlösung des Geistigen. … Das Geistige, von dem die Glieder strotzen, wird herausgelöst. Das ist der reale Vorgang.»* Weiter wird beschrieben, wie der ‹befreite› Geist darauf wartet, Verwendung zu finden, sich zu manifestieren am Menschen. Es folgt dann der gewaltige Gedanke, dass das bewirkt wird durch den sich anschließenden Moment der Ruhe. In der Eurythmie wird somit ein realer mikrokosmischer Vorgang des makrokosmischen Gesetzes der Bewegung, die Geist ist, und des makrokosmischen Gesetzes der Ruhe, die Materie ist, vollzogen («Menschenerkenntnis und Unterrichtsgestaltung», GA 302, 4. Vortrag, 15. Juni 1921, Stuttgart).

Anstatt dass die Erziehung des Abendlandes nun total revolutioniert worden wäre, wurde auf den alten Gleisen so weitergefahren, dass die beiden Bereiche, der des Geistes und der der Materie, immer weiter voneinander getrennt wurden. Man kann das an der Einseitigkeit des Sports beobachten, der zum reinen Selbstzweck geworden ist (Steiner äußert aus seiner Perspektive dazu kritisch: «Sport ist praktischer Darwinismus»[45]). Man sieht es auch an den Lernvorgängen in den Schulen, die trotz aller Bemühungen die Lernleistung als ebensolchen Selbstzweck definiert, ohne einen Bezug des Lernenden zum Inhalt des Gelernten herzustellen. Ruhige geistige Arbeit (still sitzen, lernen) und Bewegung (Sport, Outdoor-activities) klaffen dadurch immer weiter auseinander.

Es ist sichtbar, dass hier die Mitte fehlt. Das denkende Vorstellen wird geübt, der Kopf wird belastet und diese einseitige Anstrengung wird dann durch den Sport kompensiert. Doch was fehlt, ist die Mitte, das heißt, die Gefühle bleiben leibgebunden (Verlangen, Triebe) oder hängen am Vorstellen (Emotionen). Psychologisch heißt dieser Zustand, Denken und Wille werden gefördert, das selbständige Gefühl entwickelt sich aber nur kümmerlich. Physiologisch gesprochen bedeutet das: Der Nerven-Sinnesmensch und der Stoffwechsel-Gliedmaßenmensch hypertrophieren und der rhythmische Mensch verkümmert. Aus der Perspektive des Geistes heißt das: Geist und Leib werden gefördert und die Seele bleibt dabei auf der Strecke.

An diesem Gegenbild kann einem auch die Mission der Steiner'schen Erziehungskunst aufgehen.

Um das hier Gemeinte in aller Schärfe sichtbar zu machen, sei es erlaubt, ein zweites und letztes Mal Friedrich Rittelmeyer zu Wort kommen zu lassen. Die Worte des Jugendlichen von damals sind meines Erachtens immer noch aktuell:

«Vom ‹humanistischen Gymnasium› muss ich leider sagen, dass es keinem unserer Lehrer, von ganz vorübergehenden Eindrücken abgesehen, auch nur im allergeringsten gelungen ist, seinen ‹Lehrstoff› unserem Herzen nahe zu bringen. Frondienst war alles von Anfang bis zu Ende. Dass man ein Interesse haben könnte an dem, was man ‹lernen muss›, daran hat, glaube ich, kaum einer meiner Mitschüler jemals auch nur mit einem verirrten Gedanken gedacht. Alles Interesse entwickelte sich neben der Schule, wenn es endlich vier Uhr geschlagen hatte. Schon auf der Universität, als ich Schüler anderer Gymnasien kennenlernte, habe ich mit einer wahren Wut erkannt, welches Verbrechen man an unseren jugendlichen Seelen begangen hatte.

Im ganzen Leben ist ja nicht wieder gut zu machen, wenn den jugendlichen Herzen der Lebenstrank der Begeisterung verweigert worden ist» («Aus meinem Leben», Urachhaus, Stuttgart).

Dem hier Beschriebenen stellen wir das Adagium einer neuen Erziehung gegenüber, die die Aufgabe hat, diese beiden Bereiche fruchtbar miteinander zu verbinden. Körperliche Arbeit erfüllen wir im pädagogischen Handeln mit *Sinn*, geistige, intellektuelle Lernvorgänge erfüllen wir mit *Interesse*. Anders gefasst kann man diese Aufgabenstellung auch als ein In-Einklang -Bringen von *Licht* und *Wärme* bezeichnen. Haben wir das erfasst, begreifen wir auch die Forderung Steiners, der Unterricht solle in der Seele so nachwirken, dass nicht nur das Gelernte behalten werde, sondern auch der *Akt des Erlernens* selbst Bestand des Seeleninhaltes werden soll:

«Das was man im Lesenlernen treibt, kondensiert sich in der Fähigkeit des Lesenkönnens; was man im Rechenlernen treibt, kondensiert sich in der Fähigkeit des Rechnenkönnens. Aber bedenken Sie, wie das ist mit Bezug auf Dinge, die mehr auf Gefühl und Gedächtnis gehen: da lernen die heutigen Kinder eigentlich unendlich viel, nur um es zu vergessen, nur um es dann im Leben nicht zu haben. Das wird dasjenige sein, was eine Zukunftserziehung ganz besonders auszeichnen wird, dass all die Dinge, die an das Kind herangebracht werden, auch im Menschen für das ganze Leben bleiben werden» («Geisteswissenschaftliche Behandlung sozialer und pädagogischer Fragen», GA 192, 4. Vortrag, Stuttgart, 11. Mai 1919). Hier findet auch Goethes (oft

missverstandenes Wort) volle Wirksamkeit: «Das Was bedenke, mehr das Wie.»

Hierzu zwei Beispiele: Wir hatten in der Schule einen von uns hochverehrten Deutschlehrer. Alles was er mit uns tat, hatte den Hauch von Originalität und Bedeutsamkeit, war es nun Grammatik oder Literatur. Er hieß Matthieu Laffrée. Eines Tages kündigte er an, wir würden nun zusammen das Büchlein ‹Wunderbare Reisen zu Wasser und zu Lande – Feldzüge und lustige Abenteuer des Freiherrn von Münchhausen› von Gottfried August Bürger lesen. Wir fanden jedoch diesen Text nicht nur blöd, sondern es war uns auch schade um unsere Zeit, denn wir hatten ja, damals in der elften Klasse, «Wichtigeres» zu tun. Er spürte unseren Unmut, lächelte ob unserer Überheblichkeit und meinte daraufhin, wenigstens einige Stellen sollten wir trotzdem lesen. Nun gut, so lasen wir denn diese für uns «dumme» Geschichte von dem Freiherrn, der sich mitsamt seinem Pferde am eigenen Haarschopf aus dem Sumpf zieht. Aber die Frage blieb uns dennoch: Warum müssen wir bloß diesen Unsinn als ein Beispiel der Deutschen Romantik lesen? Mehr als zwanzig Jahre später ging mir dann das zentrale Bild dieser Geschichte wieder auf: es erschien mir als Metapher für den Menschen, der immer in der Lage ist, sich selbst einen Ruck zu geben, sich zu ändern, sich umzugestalten. Nicht nur ein Aha-Erlebnis schloss sich an diese Einsicht an, auch ein Schritt in der Selbsterkenntnis. Ein warmes Gefühl der Dankbarkeit stieg in mir auf: Das Gelernte hatte in der Seele weitergewirkt; es war, als winkte mir der Lehrer aus dem Jenseits freundlich zu.

Unser Chemie- und Biologielehrer war ein hervorragender Phänomenologe. Er war einer der Ersten, der durch den Gang eines konsequenten Übungsweges den Goetheanismus in die Naturwissenschaften einführte. Seine hinterlassenen Werke atmen noch immer die Kraft des Keimenden. Sein Name war Frits Julius. Wir waren seine Schüler und doch konnten wir seine Genialität damals noch nicht so eindringlich wertschätzen, obzwar wir seine Chemieepochen, wenn er hinter dem Experimentiertisch stand, als einen Gottesdienst an der Natur erlebten. In meinem Zeugnis der elften Klasse würdigte er mein Bemühen und beurteilte die erworbenen Fähigkeiten in Biologie und Chemie. Er schloss mit dem bemerkenswerten Satz: «Wie steht es mit der Liebe zur Wahrnehmung?» Als ich das damals las, dachte ich, es stehe damit gut. Viel, viel später ging mir auf, dass gerade dieses Gebiet eine Schwachstelle meines Charakters war. Dieser Satz aber begleitet mich seitdem als stille, aber kräftige Mahnung durch mein ganzes Leben.

Kehren wir nun kurz zum dritten Schritt Kinderbesprechung zurück und konkretisieren wir die bis hierher erarbeiteten Gesichtspunkte in der Frage: Wie helfen wir dem vor uns stehenden Kinde bzw. dem Schüler? Wir haben gesehen, dass es notwendig sein kann, spezielle therapeutische Maßnahmen zu ergreifen. Wir sehen aber anhand der Betrachtung der verschiedenen Qualitäten der Unterrichtsgegenstände jetzt auch, wie durch den Unterricht *selber* besonders heilsam auf das Kind eingewirkt werden kann. Vergegenwärtigen wir uns aber die besprochenen Wirkungen der Unterrichtsgegenstände auf das Kind, dann werden wir im Unterricht selber dasjenige finden, was dem einzelnen Kinde helfen kann. So kann man kurz und lapidar zusammenfassen: Erziehen kann heilende Wirkungen haben.

Vier Polaritäten in den Verhältnissen der Wesensglieder zueinander

Ein weiterer Weg steht uns offen, um den Unterricht zu einem heilenden Vorgang zu gestalten. Ein Weg, der nicht unbedingt durch die Kinderbesprechung gehen muss. Es ist ein Weg, der auch begangen werden kann durch den einzelnen Lehrer, der dem Unterrichten gegenüber eine andere Einstellung gewinnt. Dieser Weg hat mit dem vorher skizzierten einiges gemeinsam, er geht aber weiter in eine Differenziertheit des Unterrichtens hinein. Er sei hier zunächst in Kürze charakterisiert, später werden wir dann ausführlicher über seine konkreten Anwendungen sprechen.

Rudolf Steiner hat neben dem großen Fundament der Menschenkunde den Lehrern noch vier weitere Gesichtspunkte gegeben, mit Hilfe derer wir uns dem Verständnis des werdenden Menschen nähern können. Diese vier Gesichtspunkte sind nicht zusammenhängend dargestellt. Es handelt sich um die vier Polaritäten:

großköpfig – kleinköpfig,
phantansiereich – phantasiearm,
kosmisch – irdisch,
das Ich ist zu stark oder zu schwach in dem Leib anwesend.

In diese Viergliedrigkeit ist hineingeheimnisst die Zusammengehörigkeit der vier Leiber: physischer Leib, bei dem sich die Polarität als Gegensatz zwischen einem relativ großen Kopf zu einem verhältnismäßig kleineren Kopf, die Ebene des Lebensleibes (Ätherleib) als Gegensatz zwischen den Eigenschafen phantasiereich / -arm, die Sphäre des Astralleibes (als Seele) als Spannungsfeld zwischen den beiden Extremen kosmisch – irdisch und zuletzt der Bereich des Ich als die Gegensätzlichkeit von Ich und physischem Leib zeigt.

Sogenannte großköpfige – kleinköpfige Kinder

Der Gegensatz großköpfig – kleinköpfig ist in den Konferenzen (GA 300b, Konferenz vom 6. Februar 1923) und hat bereits zu großen Missverständnissen geführt: Geht es um eine absolut zu beschreibende oder gar zu messende Größe? Geht es um das Verhältnis des Kopfes zum übrigen Leib? Man kann sich, um zu einem Verständnis zu kommen, helfen, wenn man sich – wie so häufig – den genauen Kontext vergegenwärtigt. (Wiederum sei hier betont das, was zu Seite 71f. dargestellt wurde: es wird in keiner Weise in irgendeiner Form einer psychophysischen Koppelung das Wort geredet oder gar einer veralteten Charakterologie gefolgt, wie sie das neunzehnte und zwanzigste Jahrhundert gebracht haben. Steiners Versuch ist, das, was geistig vorliegt am Kinde, an seiner Gestalt und seinen Äußerungen *wahr* zu nehmen. Er hatte die Überzeugung, das Kind sei so plastisch und [noch] beweglich, dass das

Geistige sich noch am Leibe offenbart.) *All diese Blickrichtungen sind Hilfestellungen zum Sehenlernen.*

Die Konferenz beginnt mit der Ankündigung Steiners, er wolle schulhygienische Fragen besprechen und dazu erst Prinzipielles darstellen. Er erläutert dann die Dreigliedrigkeit des menschlichen Organismus: Nerven-Sinnessystem, rhythmisches System und Stoffwechsel-Gliedmaßensystem. Danach werden die Lehrer aufgerufen, Beobachtungen mitzuteilen, ob bei den Schülern eines der drei Systeme vorherrschend ist, und, falls dass der Fall wäre, hygienische Maßnahmen zu ergreifen, medizinischer oder diätetischer Natur. Steiner weist darauf hin, dass man an den Äußerungen der Kinder wahrnehmen könne, welches System nun vorherrscht. Dann wechselt er den Gesichtspunkt und gibt an, wie man auch an der äußeren Gestalt des Kindes das Überwiegen eines der Systeme herausfinden kann, woran sich die Gegenüberstellung von Kindern mit einer großen Kopfbildung und einer kleineren Kopfbildung anschließt.

Die Großköpfigen charakterisiert Steiner als die ‹phlegmatischen› oder ‹sanguinischen› Kinder, die geneigt sind, flüchtig und unaufmerksam zu sein. Man sollte ihnen helfen, die Bildekräfte anzuregen, die es befähigen können, aufmerksamer auf die Außenwelt zu sein. Als hygienische Hilfe regt er eine Diät an, die vor allem salzige Speisen bevorzugt. «*An der besonders physisch großen Kopfausbildung zeigt sich also dasjenige, was ich jetzt an Mängeln durch Flüchtigkeit und durch zu starkes Phlegma angedeutet habe.*» Bei den

Kindern mit einer kleinen Kopfbildung läge dagegen eine Schwäche des Stoffwechselsystems vor, das zwar seine Arbeit für den ganzen Organismus besorge, aber nicht mehr als das. Man sähe, dass diese Kinder ‹gerne brüten›, andererseits sich stark an den äußeren Eindrücken irritieren und zu stark auf äußere Eindrücke reagieren. Hier wäre eine zuckerbetonte Nahrung hilfreich.

Darüber hinaus sollte man auch die Art des Vorstellens, die ganze Art, wie Kinder sich Vorstellungen *aneignen,* betrachten. Wir gehen also von einer zunächst äußeren zu einer inneren Wahrnehmung über. Auf diese Weise wird nach und nach charakterisiert, was erst ‹großköpfig›, dann ‹kleinköpfig› genannt wurde. (Dieses unterscheidende Merkmal kommt im Text jetzt nicht mehr vor.)

«Wenn ein Kind zu wenig Anlage zeigt zum unterscheidenden Vorstellen, wenn es alles zusammenwirft im Vorstellen, wenn es nicht ordentlich unterscheiden kann, so ist das Nerven-Sinnessystem nicht in Ordnung. Man hat also an der Mühe, die man hat mit dem Kinde, um es zum Unterscheiden zu bringen, zugleich ein Symptom, dass das Nerven-Sinnessystem nicht in Ordnung ist, und man muss sich so verhalten, wie ich es Ihnen eben beschrieben habe.»

«Hat ein Kind zu wenig Fähigkeit zum synthetischen Vorstellen, zum konstruktiven Vorstellen, kann es sich nicht die Dinge verbildlichen, ist es namentlich in der Kunst eine Art kleiner Botokude, wie es ja bei den heutigen Kindern sehr häufig der Fall ist, dann

ist das ein Symptom für das Nicht-in-Ordnung-Sein des Gliedmaßen-Stoffwechselsystems, und man muss nach der anderen, nach der zuckerigen Seite nachhelfen. Das ist überhaupt sehr wichtig, dass man auch in hygienisch-therapeutischer Beziehung darauf sieht, ob das unterscheidende Vorstellen oder das künstlerisch-synthetische Vorstellen beim Kinde fehlt.»

«Nun kommt dazu noch etwas anderes. Denken Sie sich, Sie haben ein Kind, dem dieses unterscheidende Vorstellen deutlich fehlt, das kann dann auch ein Zeichen dafür sein, dass das Kind seinen astralischen Leib und sein Ich zu sehr ablenkt von der Nerven-Sinnesorganisation, und man hat dann nötig, dafür zu sorgen, dass das Kind in irgendeiner Weise am Morgen eine kühle Abwaschung bekommt.»

«Ist das andere der Fall, dass das Kind unkünstlerisch ist, dass das synthetische, konstruktive Vorstellungselement fehlt, dass es nicht warm empfindet bei dem, was man ihm beibringen will, dann will der astralische Leib nicht richtig eingreifen in den Stoffwechsel-Gliedmaßenorganismus, und dann muss man versuchen, dem dadurch abzuhelfen, dass man dafür sorgt, dass das Kind die Unterleibsorgane zur geeigneten Zeit richtig durchwärmt erhält.»[46]

Dieser Abschnitt ist von entscheidender Bedeutung, gibt er doch einen Einblick, wie Seelisches mit Leiblichem zusammenhängt oder, anders gesagt, wie Seelisches vom Leibe aus beeinflusst werden kann. Hier liegt eine wesentliche Wurzel der ganzen Schulhygiene.

Steiner führt weiter aus: «*Man darf solche Dinge nicht unterschätzen. Diese Dinge sind außerordentlich wichtig. Und man sollte zum Beispiel das wirklich nicht als eine Art Abirrung ins Materialistische ansehen, wenn ein Kind gar keine Anlage zum Beispiel zum Malen hat, oder keine Anlage zum Musikalischen zeigt, man sollte es nicht als eine Abirrung ins Materialistische ansehen, wenn man den Eltern rät, sie sollen dem Kinde zwei- bis dreimal in der Woche am Abend, sodass es in der Nacht das behält, einen warmen Bauchumschlag machen.*

Sehen Sie, man hat heute eben zu stark eine Verachtung für die materiellen Maßnahmen, man überschätzt die abstrakt intellektuellen Maßnahmen. Aber man sollte diese falsche Ansicht von heute dadurch korrigieren, dass man sich vorhält, dass die göttlichen Mächte ihren Geist für die Erde dazu verwenden, alles auf materielle Weise zu erreichen. Die göttlich-geistigen Mächte lassen es im Sommer warm und im Winter kalt werden. Würden die Götter das durch Menschenerziehung erreichen sollen oder durch intellektuelle oder moralische Unterweisung, was sie mit dem Menschen dadurch erreichen, dass er im Sommer schwitzt und im Winter friert, so würde es falsch sein. Sie müssen also nicht unterschätzen das Einwirken durch materielle Mittel auf die Kinder. Solche Dinge muss man stets im Auge haben.»[47]

In den nächsten Abschnitten wird der Lehrer auch «prophylaktischer Arzt» genannt. Unsere Schulpraxis ist heute leider weit entfernt von solchen Anwendungen. Es sollte aber, wenn man solche Maßnahmen ergreift, selbstverständlich sein, dass alles, was den Leib des Schülers innerlich wie äußerlich berührt, selbstverständlich *nur* durch die Empfehlung und Begleitung eines Schularztes und unter Einbeziehung der Eltern geschehen kann.

Man merkt an der damaligen Behandlung dieses Themas in der Konferenz mit Rudolf Steiner und an der Aufnahme durch die Lehrer, dass es eine Perspektive war, die in den Anfängen steckengeblieben ist. Als der Schularzt später darauf zurückkommt und meint, er könne es so nicht sehen, bekommt er von Steiner zur Antwort, dass die richtigen Grundlagen zur Wahrnehmung bei ihm noch nicht vorhanden seien. Als Beispiel wird dann der schwache Stoffwechsel eines Kindes beschrieben. Wie sieht ein Kind mit einem ausgeprägten, starken Stoffwechsel aus, wie erscheint es in der Klasse? Sind das nicht die Kinder mit großen Händen, stark gebildeten Armen und Beinen, die auch in der Durchformung ihres Körpers verraten, dass sie mehr Kraft darauf verwendet haben als auf die Kopfbildung? Und wie zeigen sich die Aufmerksamkeit und das Denken dieser Kinder?

Sind das nicht die Kinder, die eher ‹hell› im Kopf sind, die leicht auffassen, schon früh ein analytisches Denken besitzen? Haben wir hiermit einen kleinköpfigen Habitus charakterisiert oder ist der kleinköpfige Habitus gebunden an einen schwachen Stoffwechsel? Und wie sieht ein Kind aus, bei dem das rhythmische System so ausgeprägt ist, dass es die beiden Pole in sich als Gleichgewicht vereinigen kann?

Diese Erwägungen werden dadurch eingegeben, dass Steiner beschreibt, wie bei der Entwicklung der Intelligenz durch die vorgeburtlichen Kräfte diese das kindliche Haupt als Eingangstor benutzen und bis zum siebten Jahr am Kinde leibbildend wirken. Beim Zahnwechsel kommen diese leibbildenden Kräfte zu einem Abschluss, ‹schlagen zurück› aus dem Körper und werden zu Kräften, die in der Fähigkeit, zu malen, zu zeichnen, im bildnerischen Schaffen zum Ausdruck kommen; es sind die ‹Skulpturkräfte›. Diese begegnen nun den weiter wirkenden vorgeburtlichen Kräften, die als intelligente Kräfte im Kinde wirken. Leiblich zeigt sich dieser ‹Zusammenstoß› dann im Zahnwechsel. Innerlich zeigt er sich als das Erscheinen der freien, nicht nur an die Leibesvorgänge gebundenen Intelligenz. Diese wirkt von oben, im Gegensatz zu den plastischen Kräften, die von unten wirken. Dieser Prozess bedingt nun auch das Verhältnis, wie viel von den kosmischen Kräften der Kopf durchlässt und wie viel er aufhält. Was bedeutet dieses Verhältnis für das Kind in seinem Werden? Dazu führt Rudolf Steiner aus:

«*Wenn später aus dem Kinde ein Bildhauer, ein Zeichner oder Architekt wird – aber ein richtiger Architekt, der aus den Formen arbeitet –, so geschieht das aus dem Grunde, weil ein solcher Mensch die Anlage hat, in seinem Organismus etwas mehr zurückzubehalten von den Kräften, die in den Organismus hinunterstrahlen, etwas mehr zurückzubehalten im Kopfe, sodass auch später noch diese kindlichen Kräfte hinunterstrahlen. Wenn sie aber nicht aufgehalten werden, wenn mit dem*

Zahnwechsel alles ins Seelische übergeht, so bekommen wir Kinder, die dann keine Anlagen haben für Zeichnen, für Bildhauerisches oder für Architektur, die niemals Bildhauer werden können.

Das ist das Geheimnis: Diese Kräfte hängen zusammen mit dem, was wir durchgemacht haben zwischen dem Tode und unserer neuen Geburt.»

Liegt in diesem Geheimnis auch die Antwort auf die relativ große oder kleine Kopfbildung? Denn als nächste Frage stellt sich ja diese: Wenn die vorgeburtlichen Kräfte gar nicht aufgehalten werden, entsteht dann nicht die Disposition für die musikalische Begabung im Kinde, die dann zur Geltung kommt, wenn die astralischen Kräfte, wiederum durch das Haupt, am Kinde arbeiten und dann zurückgestoßen werden beim nächsten großen Entwicklungsschub, der Pubertät? Das sind Fragen, die einen lange beschäftigen können. Auf jeden Fall ist uns mit dieser Perspektive oder ‹Blickrichtung›, trotz des Skizzenhaften, das ihr anhaftet, eine Anschauung dessen möglich, was der Mensch im Vorgeburtlichen vorbereitet hat für seine Leibesbildung. Hier wird dann auch die Frage relevant, ob es einen Zusammenhang gibt zwischen dem relativ Größer- oder Kleinerwerden des Kopfes, eine Polarität, die sich im Physischen darlebt. (Dieser Sachverhalt ist dargestellt in dem zweiten Vortrag der «Meditativ erarbeiteten Menschenkunde», Stuttgart, 16. September 1920, GA 302a.)

Phantasiereiche und phantasiearme Kinder

Das Verständnis der Polarität von phantasiereichen und phantasiearmen Kinder bedarf eines gründlichen Textstudiums, obwohl die entsprechende Stelle nur kurz ist. Zuerst aber einige Informationen zu Ort und Zeit. Diese blickrichtenden Begriffe gab Steiner den Lehrern der ersten Waldorfschule 1921 im Sommer – zum Schuljahresabschluss – rückblickend auf die ersten zwei Arbeitsjahre und vorblickend auf das kommende Schuljahr. Das kommende Schuljahr stand im Zeichen der Einrichtung der zehnten Klasse. In GA 302 mit dem Titel «Menschenerkenntnis und Unterrichtsgestaltung» – früher auch Ergänzungskurs genannt – finden sich wunderbare Stellen zur Psychologie der Pubertät. Wir wollen hier ins Auge fassen, dass diese ‹Blickrichtung› über die Phantasie in eine konkrete Situation hineingestellt ist. Man könnte daraus ableiten, dass die Frage über phantasiearme oder phantasiereiche Schüler sich eher an die Ober- als an die Unterstufe richtet. Dieser Gedanke wird erhärtet durch Steiners Bemerkung über die Phantasie zwischen dem 12. und 15. Lebensjahr im 14. Vortrag der «Allgemeinen Menschenkunde», wo es um Neunt- und Zehntklässler geht. Das Wort Phantasie kann hier, wie es im Sinne Steiners gemeint ist, Verwirrung stiften. Wir verwenden heute das Wort im engeren Sinne dazu, zu beschreiben, wodurch etwas Originelles entsteht, wenn jemand phantasievoll denken oder arbeiten kann. Auf dieses Verständnis wird auch zu Beginn der Darstellung Steiners Bezug genommen, wenn er davon spricht, dass phantasiereich nicht bedeute, die Kinder wären sogleich Dichter. Vielmehr sei die Fähigkeit gemeint, die Vorstellungsbilder, die nach einem Erlebten oder einem Gehörten entstanden sind, festzuhalten. Dadurch klärt sich auch der enge Zusammenhang mit dem Gedächtnis. (Man bedenke: Der Ergänzungskurs beginnt mit der Feststellung Steiners, Vieles hätte sich erfreulich entwickelt, nur das Gelernte sei zu wenig bleibender Besitz geworden, worauf ein Exkurs zum Thema Erinnerung und Gedächtnis folgt.)

Ob ein Kind nun mehr der phantasiereichen oder -armen Seite zuneigt,

«*das bemerkt* (man) *weniger an der eigentlichen Phantasietätigkeit als an der Entfaltung des Gedächtnisses. Das Gedächtnis ist ja sehr verwandt der Phantasietätigkeit. Denn wir haben Kinder – und wir sollten das beobachten –, welche die Bilder desjenigen, was sie erlebt, gehört haben, rasch vergessen; die Bilder verschwinden leicht. Und andere Kinder haben wir, bei denen bleiben die Bilder, bilden sich geradezu zur selbständigen Macht aus, und sie kommen ungewollt fortwährend herauf. Es ist gut zu beobachten, dass es diese zwei Typen gibt. Selbstverständlich gibt es alle möglichen Übergänge.*»[48]

Dazu ein Beispiel: Wir lesen in einer achten Klasse eine Geschichte vor. Nun bitten wir die Schüler, zu erzählen oder aufzuschreiben, was sie innerlich beim Hören der Geschichte ‹gesehen› haben. Vergleicht man das, kann man schon einen Eindruck von dem bekommen, was hier gemeint ist. Oder man kann folgende Beobachtung machen. Verschiedene Personen erzählen eine Episode aus ihrem Leben. Man wird feststellen, dass es Beschreibungen gibt, wobei man fast alles, was erzählt wird, auch ‹sehen› kann; ganze Tableaus werden ‹geschildert›. Man kann aber auch Erzählungen hören, bei denen es nur wenig zu ‹sehen› gibt, wo alles nur ‹geschieht›.

Eindrucksvoll kann man an sich selber die folgende Erfahrung machen. Wenn man ein Buch gelesen hat, weckt das in uns innere Bilder. Wenn wir dann eine Verfilmung des Buches sehen, kann man erleben, wie die eigenen Bilder mit den Bildern des Films wie zusammenstoßen. Da erlebt man die eigene Phantasietätigkeit am Zusammenprall mit «fremden» Bildern.

In der Schilderung beschreibt Steiner weiterhin, dass es Kinder gibt, die geradezu ‹geplagt› werden von ihren Vorstellungen: diese kommen auch, wenn sie gar nicht gerufen wurden. Das bedeutet, dass es innere Bilder gibt, die zu dem, was einer gerade tut oder denkt, kein Verhältnis eingehen, oder auch, dass bestimmte Handlungen wie zwangsläufig an bestimmte Vorstellungsbilder gekoppelt sind. So erzählte mir ein Schüler, dass ihm immer, wenn er zu Hause abwaschen musste und das Besteck abtrocknete, Bilder von Schiffen kamen, denen er einen Liegeplatz im Hafen geben musste. Er erklärte, dass die Bilder unabhängig vom eigenen Willen wieder aufkämen, sobald er wieder abwasche. Hier wird einer ‹geplagt› von seiner reichen Phantasie oder, in den Worten Steiners, der Schüler ist der ‹Gefangene› seiner eigenen Vorstellungen.

Abhilfe kann dadurch geschaffen werden, dass

man die Phantasiereichen mehr Malen und Schreiben, also Bewegungen üben lässt, während die Kinder, die die Bilder vergessen haben, eher das Beobachten üben sollen, wobei auch schon die Beobachtung der Wörter und Sätze beim Lesen wirksam ist. Weiteres kann erreicht werden, indem man im Musikunterricht abwechselnd das Singen und das Anhören (des Singens) übt: so entsteht eine ‹Polarisierung› des ‹Lernleibes›, des Ätherischen mit dem Seelischen. Töne hervorbringen ist etwas anderes, als sie zu hören. Das Letztere ist das Seelische. Wie differenziert sich Steiner die Handhabe des Unterrichts vorstellte, zeigt das Folgende: Dem Gegensatz von phantasiereich und phantasiearm solle man auch im Sprachunterricht und in der Eurythmie Rechnung tragen. Den Kindern mit einem schwachen Gedächtnis könne man helfen, indem man sie eher Konsonantisches sprechen ließe. Diejenigen, die geplagt werden von ihren Vorstellungen, sollten eher das Vokalische üben, auch in der Eurythmie. Zusätzlich sollten die phantasiearmen Kinder hauptsächlich die Eurythmie im Stehen machen, also ‹*vorzugsweise mit den Armen*›. Die phantasiereichen Kinder dagegen sollten den ganzen Menschen in der Eurythmie betätigen, also ‹*Laufen, Gehen und Schreiten*›.

Bei diesen Charakterisierungen ist immer zu bedenken, dass es sich um relative Zustände handelt. Aber trotzdem: wer kennt nicht Schüler, bei denen man sich Sorgen macht über die Gedächtnisfähigkeit? Hier setzt kein Gedächtnistraining im herkömmlichen Sinne an, sondern es werden die Grundlagen, die zur Vorstellungsfähigkeit führen, auf zarte Weise ‹geweckt›. Sollte man da nicht einen Versuch wagen, und sei er auch noch so anfänglich? In einem der nächsten Abschnitte werden wir noch sehen, welche Mittel uns auf diesem Gebiet durch das künstlerische Unterrichten zur Verfügung stehen.

Zum Schluss seiner Darstellung kommt er noch einmal auf das Auswendiglernen zurück. Er betont dabei, wie wichtig es sei, dass die Kinder immer einen Gefühlsanteil am Auswendiglernen haben. Eine wichtige didaktische Faustregel ist: Was zum Dramatisch-Tragischen neigt, wirkt auf den Stoffwechsel, was ins nur Schöne, Unbeschwerte führt, wirkt auf das Nerven-Sinnessystem.

Die irdisch-kosmische Orientierung

Wenden wir uns nun dem Gegensatz der ‹kosmisch› – ‹irdischen› Orientierung zu. Auch hier ist es von Bedeutung, sich den Kontext zu vergegenwärtigen, in dem Rudolf Steiner dieses Thema entwickelt. In diesem Zusammenhang kommt zweierlei in Betracht. Eine Voraussetzung, die Gesichtspunkte richtig zu verstehen, ist, dass man zunächst sich zu dem Gefühl durchringen muss, dass der Kopf des Menschen nur wenig mit der Vererbung zu tun hat, da er ein Abbild des Kosmos ist und somit auch Ausdruck desselben. Wenn nun die Kopfbildung trotzdem eine Ähnlichkeit mit den Familienmitgliedern aufweist, so liegt das nur daran, dass der Kopf ja Teil eines Ganzen ist und so auch vom Ganzen mit beeinflusst wird. Gliedmaßen und

Rumpf sind dagegen im eigentlichen Sinne vererbt. Der zweite Gedanke ist methodischer Art. Wer sich dem Menschenwesen verstehend nähern will, sollte nicht bei dem Gegensatz geistig-seelisch auf der einen und physisch-ätherisch auf der anderen Seite stehenbleiben, sondern er sollte das Geistig-Seelische bis in die Leibesgestaltung hinein zu Ende denken, sonst «*hat man*», so Steiner, «*keine Wirklichkeit*». Das Physische betrachte man daher als Ausdruck des ganzen Menschen. So wird aus dem abstrakten Begreifen des Menschen ein künstlerisch, wahrnehmend bewegtes Erfassen. (Der Gegensatz Kopf – Gliedmaßen, Rumpf wird im 4. Vortrag der «Meditativ erarbeiteten Menschenkunde» ausführlich dargestellt.) Steiner begreift diese Gegensätze nun aber nicht als sich gegenseitig ausschließende. Er erläutert das im Vorspann seiner Betrachtung, bevor er sich danach den kosmisch oder irdisch orientierten Kindern zuwendet, mit sehr drastischen Worten:

«Steht man auf dem Boden der Geisteswissenschaft, der Anthroposophie, ist es einerlei, ob man Materialist oder Spiritualist ist.» Denn würde man alles zu Ende denken, «wandelt sich alles ins Geistige um».

Denkt man die Welterscheinungen nicht zu Ende, wird der Materialist ‹schwachsinnig›, der Spiritualist ‹blödsinnig›. In den weiteren Vorträgen liegt vieles verborgen, was man als Kompositionsgeheimnisse bezeichnen könnte. Ist die ganze, hier kurz geschilderte Einleitung nicht tatsächlich eine Beschreibung dessen, wie Kosmisches und Irdisches in Handel und Wandel der

Menschheit auftritt? Sind es nicht einfach Charakterisierungen, die uns auf das Oben und Unten aufmerksam machen, bevor wir es in seinen Anlagen am Kinde aufsuchen?

Haben wir beim Gegensatz der zuvor besprochenen Phantasietätigkeit *keinen* Anhaltspunkt bei der leiblichen Betrachtung, beim ‹kosmisch-irdischen› haben wir ihn: die *«plastische Durchgestaltung des Hauptes»* für das ‹kosmische›, das *«plastische Durchbilden des übrigen Menschen, namentlich des Gliedmaßenmenschen»* für das ‹irdische› Kind. Wie nehmen wir das wahr? Hier haben wir Gelegenheit, das Sehen des künstlerisch Bewegten zu üben. Wie sieht man, ob ein Kind Nachdruck legt auf das plastische Durchgestalten seiner Arme und Beine? Ist es nicht wie ein Gestus der Gestalt? Ist es nicht der bildhauerische Ausdruck des Armes, der mit einem gewissen Nachdruck kundtut: da komme ich selbst zum Ausdruck (oder nicht)? Sehen wir uns bei einem Zwölfjährigen oder Sechzehnjährigen diese Ausdruckskraft der Hände oder der Beine an. Kann man eine Ahnung von dem bekommen, was gemeint ist? Liegt ein Nachdruck auf den Gliedern in ihrer Schönheit des Ausdrucks? So auch beim Haupte. Wie charakteristisch ist es? Wir haben bestimmt schon einmal jemanden gesehen, bei dem der Kopf der Gestaltung nach, in Bezug auf das Alter, ziemlich zurückbleibt, sodass man unter Umständen von einem ‹Babyface› sprechen kann. Aber wir kennen auch Kinder, bei denen man immer zum Anschauen des Kopfes hingezogen wird, da er uns so viel zu sagen hat, weil das Kind darin ganz zum Ausdruck kommt. Nähern wir uns dieser Betrachtungsweise, so ist Folgendes zentral:

«Es ist nun doch sehr wichtig, dass Sie zu alldem, was wir schon betrachtet haben über die Erkundung des Wesens des Kindes, auch das noch hinzufügen, dass Sie gewissermaßen anschauen am Kinde, ob die kosmische Organisation überwiegend ist, was durch eine plastische Durchgestaltung des Hauptes zum Vorschein kommt, oder ob die irdische Organisation besonders hervorragend ist, was durch ein plastisches Durchbilden des übrigen Menschen, namentlich des Gliedmaßenmenschen, zur Anschauung kommt. Und nun handelt es sich darum, dass wir dann beide Arten von Kindern, die kosmischen Kinder und die irdischen Kinder in der richtigen Weise behandeln.»[49]

Bemerkenswert ist, dass in dieser Charakterisierung immer auf die Verbindung zum Leiblich-Seelischen Bezug genommen wird. Hier ist der Blick auf die Temperamente wegleitend. Charakterisierte er beispielsweise den Gegensatz des relativ großen Kopfes mit der relativ kleinen Kopfgestalt, indem er auf das phlegmatische und sanguinische Temperament hinweist, spricht er beim ‹irdischen› Kinde von einem *melancholischen Nebenton,* der unter der Oberfläche des allgemeinen Temperamentes angesiedelt ist. Schauen wir mit diesem Blick auf die irdisch veranlagten, starken Kinder, dann finden wir diesen melancholischen Unterton auch in der Wirklichkeit, allerdings selten als Haupttemperament.

Abgesehen von der bedeutenden Bereicherung der Wahrnehmungen, die hierdurch entsteht, kommen auch pädagogische Gesichtspunkte zum Tragen. Die kosmisch veranlagten Seelen brauchen eine gewisse Hilfe beim Erlernen der Tatsachenwelt; für sie ist die Welt der Tatsachen und Fakten nicht sonderlich interessant. Man kann ihnen diese Welt aber nicht einfach unbearbeitet zugänglich machen. Sie gewinnen den Zugang zu diesem Weltbereich am leichtesten durch die Kunst. Hier wirkt das pädagogisch didaktische Gesetz, dass aller Stoff, will er in den Seelen einen Eindruck hinterlassen, eine künstlerische Durchdringung braucht.

So wirkt eine Rechenaufgabe dann erst auf das Kind, wenn es dabei erfährt, dass es sich um einen wirklichen Vorgang in der Welt handelt, der seine Bedeutung hat. Wir müssen also von der Schilderung einer realen Situation zur eigentlichen Rechenaufgabe übergehen. Bei den irdisch veranlagten Schülern können wir den umgekehrten Weg gehen: von der ‹nackten› Aufgabe zur Wirklichkeit. Bei den eher kosmisch veranlagten Schülern werden wir erleben, dass sie eine große Freude an Erzählungen jeder Art haben, während die eher irdisch gestimmten Schüler mehr an den realen Geschehnissen, an dem, was faktisch vorgeht, erleben. Es versteht sich fast von selbst, dass die ‹beseelte Bewegung› der Eurythmie den Ersteren eher liegt, die Zweiten dagegen Turnen und Sport bevorzugen.

Diese Aussagen sind selbstverständlich nicht absolut zu verstehen. Es sind Anlagen, die im Seelenleben zu Hause sind und sich in der Leiblichkeit äußern. Man bedenke aber, dass die Kultur, in der wir heute leben, von sich aus eine größere Sympathie mit der irdischen als der kosmischen Orientierung hat. Der Unterschied beider Veranlagungen besteht ja in einer Polarität des Seelischen, des Astralleibes. Man kann auch bemerken, dass durch diese (karmisch begründete) Veranlagung die Interessen der Kinder ihre Richtung erhalten. Ein elfjähriger Junge, der ein brennendes, ja gefesseltes Interesse an Computerspielen hat, wird gewiss eine andere leibliche Grundlage mitgebracht haben als der Gleichaltrige, der Tag und Nacht Bücher liest. Ein zwölfjähriges Mädchen, das nur noch an ‹Pferde› denken kann, hat von der leiblichen Veranlagung her eine andere Voraussetzung als eines, das sich ganz seiner Kleidung und deren Wirkung hingibt. Zu diesen zum Teil einseitigen Interessen kann die Pädagogik ein gewisses Gleichgewicht herbeiführen.

Das Verhältnis des Ich zum Leib

Der Gegensatz des vom Leib zu tief eingesogenen Ich gegenüber dem zu locker mit dem Leib verbundenen Ich ist in der gegenwärtigen Zeit von besonderer Bedeutung. Vorab sei aber auf ein mögliches Missverständnis hingewiesen. Mit diesem Gegensatz ist *nicht* die Art und Weise der Inkarnation gemeint, denn durch die Geburt hat sich die Inkarnation vollzogen. Unser Thema ist, wie sich das Ich (*nicht* gemeint ist die Ich-Organisation, sondern der Wesenskern des Menschen) zur Leiblichkeit verhält. Die Dynamik, um die es geht, ist die eines zu tief vom Leibe Eingesogenwerdens des

Ich, gegenüber einem zu losen Verbundensein desselben. Ist es möglich, dieses Verhältnis wahrzunehmen?

Befanden wir uns beim Beobachten des Gegensatzes von kosmisch-irdischer Orientierung innerhalb der Seele selbst, so sind wir hier im Bereich des Geistigen, des Ich. In vier Vorträgen gab Steiner den Gesichtspunkt an, der ihn zu dieser Anschauungsweise führte, und zwar genau ein Jahr nach der Schulgründung. Sie sind unter dem Titel ‹Meditativ erarbeitete Menschenkunde› erschienen und waren tatsächlich gedacht als eine Art ‹Ergänzung› zu den grundlegenden Kursen. (Vergleicht man z. B. den zweiten Vortrag der «Allgemeinen Menschenkunde» mit dem zweiten Vortrag der «Meditativ erarbeiteten Menschenkunde», kann man über die ergänzende Erweiterung staunen.)

Im letzten dieser Vorträge wird der Gesichtspunkt des Verhältnisses vom Ich zum Leib dadurch erläutert, dass die ‹Geburten› von physischem Leib, Äther- und Astralleib als ein «Sich-Befestigen des Ich in der ganzen menschlichen Organisation» anzusehen sind. Anders gesagt: *Entwicklung ist das Ergreifen der Leiblichkeit durch das Ich. Das Ich kommt dadurch in der Organisation Schritt für Schritt zum Ausdruck*.

Das zu tiefe Eingesogenwerden des Ich zeigt sich beispielsweise im Denken als eine ausgesprochene Neigung zum Materiellen: Das Denken möchte vorzugsweise nur in Fakten leben, in den Tatsachen der Welt. Alles logisch Klare wird gegenüber dem Künstlerischen, dem Bildhaften bevorzugt. Eine solche Seele empfindet es als schwierig, sich künstlerisch zu äußern, das Leben in Gedanken oder in einer Stimmung zu verweilen, ebenso. Auch einer Geschichte zuhören ist nicht einfach. Nähert sich eine solche Seele dem Erwachsensein, dann steht sie vor der Frage, ob sie, um zu leben, arbeitet oder ob sie lebt, um zu arbeiten. Das Ich ist hier ein Gefangener des Leibes, die leiblichen Funktionen und Forderungen überlagern die leisen Fragen des Ich. Der Genuss wird statt als Mittel (vgl. «Wie erlangt man Erkenntnisse der höheren Welten?») zum Ziel an sich erhoben. Erschütternd ist in dieser Hinsicht Steiners Fazit, dass aus dieser Disposition das Wesen des Kriminellen verstanden werden könne.

Ist das Ich zu lose mit der Leiblichkeit verbunden, entstehen Beliebigkeit und Unverbindlichkeit, möglicherweise auch Idealismus, der aber nicht bis zum Ideal hin konkretisiert werden kann, geschweige denn zur Wirklichkeit. Wir sehen den Schwärmer vor uns, voller guter Vorsätze, die vergessen werden, sobald sie ausgesprochen sind. Die Idee findet hier keinen Weg zur Tat. Großartige Gespräche werden geführt, aber sie bleiben im Konjunktiv stecken. Nähert sich eine solche Seele dem Erwachsensein, steht sie vor der Frage, was sie aus ihrem Leben machen soll, wozu sie eigentlich da ist. Steiner charakterisiert diese Einseitigkeit als ‹theosophische› Veranlagung. Auch hier können wir erleben, wie aktuell diese Charakterisierungen unsere Zeit beschreiben. Alles, was unsere Zivilisation an Extremen von Materialismus und Idealismus hervorbringt, ist hier in aller Schärfe dargestellt und damit auch zugleich die kaum zu überschätzende Bedeutung der Erziehung überhaupt.

In der mündlichen Schilderung Steiners sind diese

Phänomene sehr absolut formuliert, sprach er doch vor einem vertrauten Publikum. Dämpfen wir Heutigen diese Extreme ab zu Tendenzen, die in jedem Menschen (auch in uns Erziehern) vorhanden sind, dann finden wir auch den Weg zur Überwindung dieser Anlagen in uns. Ich meine, dass es ein wesentlicher Schritt in der Selbsterkenntnis ist, wenn man an sich selber feststellen kann, dass die eigene Konstitution die Tendenz zum einen oder zum anderen hat. Wird man solches in sich selber gewahr, hat man einen wichtigen Schritt in Richtung Pädagogik getan; was ich an mir selbst wahrnehme, kann ich helfend einsetzen, wenn ich Kinder unterrichten darf.

Es ist immer erstaunlich, wie *zart* die pädagogischen Angaben sind, die einer konstitutionellen Einseitigkeit abhelfen sollen. Geht die Tendenz in die Richtung eines zu tiefen Eingesogenwerdens des Ich in den Leib, empfiehlt Steiner, im Unterricht einen starken persönlichen, bildhaften Bezug zum Unterrichtsgegenstand herzustellen. Die Seele wird dadurch angeregt und teilt sich dem Ich mit.

Ist die Verbindung des Ich zur Leiblichkeit eher zu schwach, werden wir angeregt, den Unterrichtsstoff tendenziell in einem gewissen Abstand zu halten, d. h. im Gedanklichen zu verweilen. Auch das könne man mit starkem seelischen Anteil machen, z. B. das Mathematische im Gedanklichen zu belassen. Durch diese Methode wird direkt an die höheren seelischen Fähigkeiten appelliert. Der Text selbst ist nicht ganz einfach zu lesen, weshalb dieses Schema möglicherweise hilfreich sein kann:

Wenn nötig, dass das Ich sich mehr mit dem Leib verbindet:	**Wenn nötig, dass das Ich sich weniger mit dem Leib verbindet:**
– Rechnen, Mathematik, Geometrie, zahl- und raumesmäßige Vorstellungen	– mehr äußerliches Zeichnen in der Geometrie
– alles, was im Sprachlichen zum Musikalischen, zum rhythmisch Rezitativen hinneigt	– im Sprachlichen mehr auf den Inhalt, auf den Sinn eingehen
– das Erinnern des Musikalischen, Ausbilden des Tongedächtnisses (z. B. eine Melodie vorwärts und rückwärts singen)	– im Musikalischen auf das augenblickliche Hören hinleiten, weniger auf das Tongedächtnis
– alles Mathematische in der Geographie (Niveau, Kartographie und dergleichen)	– ganz allgemein Geographie
– das Gedankliche des Gezeichneten oder Geschriebenen betrachten	– alles Bildnerische, Zeichnerische
– in der Geschichte: wie alles von Ideen durchsetzt ist, wie die großen Zusammenhänge sind	– ganz allgemein Geschichte und in der Geschichte einen starken Gemütsanteil zum Thema entwickeln

Hier ist u. a. die Wirkung der plastisch-bildnerischen Kräfte einerseits und der sprachlich-musikalischen andererseits geschildert. Steiner gibt dazu auch Beispiele aus dem Unterricht. Pädagogen haben die Aufgabe, diese Wirkungen zu verstehen und, wenn es so weit ist, diese Balance im Unterricht anzuwenden und zwar nicht nur mit Hilfe der oben genannten Beispiele. (Ein Lehrerkollegium könnte z. B. unter diesem Gesichtspunkt den ganzen Lehrplan erforschen.)

- Das Schreiben kann man für beide Konstitutionen anwenden, also zum Sich-Hineinsenken des Ich in den Leib (in der Betrachtung des Geschriebenen) wie zum Lösen des Ich vom Leib (in der Betätigung selber).
- Der Grammatikunterricht wird generell ein Hineinsenken des Ich in den Leib bewirken.
- Selber eine grammatikalische Übung erfinden oder ein Grammatikspiel spielen hat eine lösende Tendenz.
- Physik im Betrachten und Eingehen auf das Experiment wirkt lösend.
- Physik in der theoretischen Reflexion betreiben und das Aufsuchen von Gesetzmäßigkeiten wirkt festigend.
- In der Chemie ist es ähnlich wie in der Physik.
- So auch in der Biologie der Oberstufe: Lösendes und Festigendes, also beide Richtungen, können in den Fächern angewandt werden.
- Malen ist lösend. (Darum ist es so hygienisch, nach der Malstunde das Gemalte mit den Schülern zu betrachten, denn das festigt wieder.)
- Lesen wirkt lösend, vorlesen festigend.
- Singen nach dem Lesen bewirkt ein Hineinsenken, ein Zu-sich-Kommen.
- Rechnen wirkt festigend, hineinsenkend.
- Formenzeichnen nach dem Rechnen wirkt lösend.

Schauen wir diese vier Gegensätze oder Tendenzen zusammen, entsteht die Frage, wie wir diesen aus der Wahrnehmung des Kindes gerecht werden können. Die Antwort, die Steiner gibt, ist einfach, wobei er gleichzeitig auf den Grundnerv, sozusagen auf die Achillesferse der Waldorfpädagogik hinzielt:

Was ist künstlerisch gestalteter Unterricht bzw. Erziehungskunst?

Alle Gegensätze und Tendenzen werden ‹bearbeitet› und individuell im Kinde ausgeglichen, indem man den *Unterricht künstlerisch zu gestalten versucht.* Hier stehen wir vor dem bisher nur in Ansätzen verstandenen Geheimnis der Wirkung der Erziehung als künstlerischem Vorgang. Und daraus ergibt sich wiederum die uns schon bekannte Frage: Was *ist* künstlerischer Unterricht? Hier soll darauf hingewiesen werden, dass wohl jeder die Erfahrung kennt, wie Kunst auf einen selbst wirkt. Am Begriff des Genusses können wir einen ersten Zugang finden. Was geht in uns vor, wenn wir ins Museum gehen – abgesehen davon, dass wir nach zwei Stunden müde Füße haben? Man kann beobachten, dass man eine gewisse Kraft durch die Augen schicken muss, um ein Erlebnis am Bild oder an der Skulptur zu ‹öffnen›, damit es der Seele etwas mitteilen kann. Für den einen ist das ein selbstverständlicher Prozess, ein anderer muss sich stärker bemühen. Wenn wir dann wieder draußen stehen, ist es, als ob wir um unseren Kopf herum die Bilder noch mit tragen würden. Man kann sich wie eine Biene empfinden, die einen Blumenkelch besucht hat, reich beladen im Gebiet des Kopfes. Langsam setzen sich die Erlebnisse und es entsteht neue innere Festigkeit und Strukturiertheit, etwas wie eine Reinigung im Gebiet der Sinne. Die Seele saugt die Bilderlebnisse auf, aber mehr im Bereich des Nerven-Sinnesmenschen.

Oder wir gehen in ein Konzert. Wir sitzen da und vergessen unseren Leib vollkommen: Wir werden ganz Ohr und erleben, wie wir das Atmen ‹vergessen›. Wir gehen ganz in den Zeitstrom der Klänge ein und spüren förmlich, wie unsere Seele mitschwingt. Ist das Konzert vorbei und stehen wir wieder auf der Straße, ist es uns, als ob wir noch eingehüllt wären von einer Klangwolke. Wir fühlen uns vollkommen erfrischt, nicht vom Leibe ausgehend, sondern von der Seele.

Es sind das zwar zarte Empfindungen, es ist aber daher nicht weniger der Mühe wert, sie zu erfassen und zum Erleben zu bringen. Wenn man z. B. mit der gleichen Sensibilität eine Monatsfeier in der Schule miterlebt, wo ja beide Perspektiven zusammenklingen, kann einem das nicht nur eine reiche Erfahrung, sondern auch ein pädagogisches Erlebnis werden über die Wirkung der Kunst in der Erziehung. Sich in solche Erfahrungen hineinzubegeben ist heute von großer Bedeutung. Wie oft zweifeln wir Lehrer selber an der Notwendigkeit des künstlerischen Gestaltens, weil wir dessen Wirkung nicht kennen. Wie leicht wird nicht in der Waldorfumgebung das Künstlerische als Zweck aufgefasst anstatt als Mittel?

Wenn wir uns aber die Aufgabe stellen, verstehen

zu lernen, wie das Künstlerische in den Kindern und Schülern wirkt – in den Gegensätzen, die hier charakterisiert wurden –, so werden wir der Aktualität der Erziehungskunst für die heutige Zeit einen Schritt näher kommen. Bemühen wir uns darum, dann werden auch die berechtigten Fragen nach dem richtigen Maß des Künstlerischen im Unterricht beantwortbar. Denn der fragende Gedanke, was hier zweckmäßig ist und was nicht, hat eine reinigende und inspirierende Kraft für das ‹Wie› des Unterrichtens.

VII. Fallstudien

1. Fallstudie

Es wird ein Mädchen aus dem letzten Kindergartenjahr betrachtet. Sie ist von kleiner Statur und zart. Der Schularzt berichtet als Besonderheit, dass sie zehn Tage zu spät geboren wurde. Im Umgang mit anderen zieht sie leicht die Schultern hoch, was einen gedrungenen Eindruck vermittelt. Sie hat hellblonde Haare, blaue Augen, einen breiten Kopf mit einer hohen, breiten Stirn, außerdem ist sie ein wenig stupsnasig. Für ihr Alter hat sie einen eher kritischen Blick. Sie tritt fest auf, und wenn sie springt, ist es ein ‹schwerer› Sprung, der sehr kompakt wirkt. Ihre Motorik ist geschickt, beweglich und harmonisch, und was sie will, setzt sie auch um.

Der Zahnwechsel hat bereits eingesetzt, es gibt keine Zweifel über die kommende Schulreife. Das Mädchen hat einen gespannten, ‹harten› Muskeltonus, es liebt salziges Essen und schläft schlecht ein. Außerdem ist es relativ häufig krank und braucht dann viel Zeit, um sich zu erholen. Als die ältere Schwester eingeschult wurde, wollte auch es nicht länger in den Kindergarten gehen. Es gab heftige Szenen, die sich über drei Wochen hinzogen. Dann erschien im Kindergarten eine ausländische Praktikantin, der man ansehen konnte, dass sie aus einem fernen Land kam. Die anderen Kinder hatten ihre Freude an ihr, denn sie war lieb und nett, dieses Mädchen aber entwickelte zu ihr eine so heftige Antipathie, dass es Strategien entwarf, nicht mit ihr sprechen zu müssen, nicht neben ihr zu sitzen, nicht mit ihr in Berührung zu kommen. Das Mädchen konnte sonst gut spielen und war wohlgelitten. Allerdings sorgte es in der Fahrgemeinschaft dafür, nie neben einem bestimmten Mädchen, das von den anderen Kindern nicht gemocht wurde, zu sitzen. Ihr Spiel ist sehr kreativ, aber fast immer zusammen mit einer Freundin. Von sich aus geht sie nicht auf andere Kinder zu, sondern verhält sich ablehnend. Sie kann lesen. Wird sie angesprochen, blickt sie einen nicht an. Sie hat eine tiefe, starke Stimme und bei Unstimmigkeiten ist sie nachtragend. Die Mutter berichtet, dass es immer eine Stunde dauert, bis sie wieder ‹normal› ist, wenn andere Kinder zu ihr zum Spielen kommen. Auch bei anderen Besuchen ist sie zuerst sehr zurückhaltend. Ihre Zeichnungen und Malereien zeigen ein gutes Sicheinleben in die Leiblichkeit.

Bis hierher führt der erste Teil der Kinderbetrachtung.

Wie könnte nun der zweite Teil aussehen?
Man kann, wie erwähnt, versuchen, auf die ätherische und seelische Konfiguration zu schauen, was sicher zu einem Ergebnis führen würde. In diesem Fall aber wurden die Kollegen vom Gesprächsleiter nach ihrer Meinung zu einem Einstieg in die Phänomene gefragt,

der zu einem Verständnis dieses Kindes führen könnte. Daraufhin wurden folgende Vorschläge für den gemeinsamen Austausch gemacht:

- Sympathie und Antipathie
- Vergessen/Verzeihen und Nachtragen
- die (starke) Motorik
- das soziale Verhalten
- die (möglichen) Ängste
- das Vorstellungsleben
- das Zartgliedrige gegenüber dem Eindruck der Schwere

Man entschied sich, die Aufmerksamkeit auf das Vorstellungsleben und die (vielleicht) daraus entstehenden Ängste zu richten. Was drücken die Schultern aus? Was der für das Alter frühe, kritische Blick?

Dieser Gestus zeigt das Gegenteil von Unbefangenheit. Ist er Ausdruck dafür, dass das, was das Mädchen um sich herum erlebt, in feste Vorstellungen gerinnt, die es nicht wieder loswerden kann? (Das Nachtragende?) Die Schwere beim Springen ist nicht physisch bedingt und die motorische Entwicklung ist ausgezeichnet. Ist es die Last der Vorstellungen, die sich hierin zeigt? (Man weiß ja: in der Regel ist die Vorstellung des Zahnarztbesuches belastender als der Besuch selber.) Was bedeutet nun das ‹schlechte Einschlafen›? In den meisten Fällen doch, dass die Seele nicht loslassen kann, was zumeist dann der Fall ist, wenn die Seelenkraft des Denkens sich immer noch in Vorstellungen verhakt und die Seelenglieder sich nicht voneinander lösen können.

Dieses kleine Mädchen aber ist willensstark, intelligent und es findet Wege, mit dieser Disposition umzugehen, bis die Schwester nach den Sommerferien nicht mehr mitgehen wollte in den Kindergarten. Weshalb? Woher dieser Trotz?

Der breite Kopf ist ein Bild dafür, dass sie Vorstellungen, wie etwas zu sein hat, nicht leicht aufgeben kann, da herrscht eine Trotzigkeit, die für dieses Alter erstaunlich ist. Der Stoffwechsel ist im Kopfbereich zu mächtig. Und wenn dann noch eine Praktikantin erscheint, die sie gar nicht einordnen kann, macht sie innerlich zu. Äußerlich ist das Verhalten dann abweisend und antipathisch, was wesentlich aus der Fixierung der Vorstellungen herrührt. Befindet sich das Mädchen in einer bekannten Situation, kommt dieselbe Vorstellungskraft positiv zum Zuge, was wir an ihrer Spielbegabung sehen können.

Das starke Vorstellungsleben macht der Seele zu schaffen, was sich ebenfalls in ihrem Verhalten ausdrückt. Die Kindergärtnerin berichtet, dass sie gut mit ihr kommunizieren kann, auch wenn sie quasi in den Raum spricht und nicht zu ihr persönlich. Wenn dann Besuch kommt, muss sie den Besuch eine Weile adaptieren, bis Unbefangenheit möglich ist, denn ihr Vorstellungsleben ist stark und lässt nicht leicht ‹anderes› zu. Wir nähern uns also dem, was Steiner ein phantasiereiches Kind nennt.

Darin glauben wir einen Schlüssel zum Verständnis dieser Mädchenseele gefunden zu haben und könnten zum dritten Teil der Betrachtung übergehen. (In diesem Fall erübrigte sich das, einerseits, weil die Kindergärtnerin Wege gefunden hatte, dem Kind zu helfen, und andererseits, weil die berechtigte Erwartung besteht, dass sich im ersten Schuljahr, wenn sich das Vorstellungsleben durch das Lernen formt, die Auffälligkeiten lösen. Das ‹Problem› mit der Praktikantin wurde so gelöst. Während die Kindergärtnerin und die Praktikantin im Raum waren, begann die Letztere ein Spiel. Wenn alle Kinder ihre Schuhe in den Korb tun würden, würde sie erraten, zu wem welche Schuhe gehören. Beim richtig erratenen Schuh durfte der Besitzer sie anziehen und draußen spielen gehen, wo die Sonne schien. Da hatte das Mädchen die Wahl zwischen drinnen bleiben oder mit nach draußen gehen. Sie tat das Letztere und das Eis war gebrochen.

Blickt man auf diese ersten beiden Teile der Kinderbetrachtung, zeigt sich, dass man dabei *ohne jegliche moralische Bewertung* auskommen kann.

FALLBEISPIELE

Einführung

Fallbeispiele von Kinder- und Schülerbetrachtungen haben den Reiz, dass sie einen Einblick in die Praxis gewähren. Andererseits haben sie auch den Nachteil, dass der dargestellte Fall womöglich als Anwendungsbeispiel für ähnliche Situationen verwendet werden kann. Bei Kinder- oder Schülerbetrachtungen kommt es zudem vor, dass man beim Zuhören an andere Kinder, die dem gerade dargestellten zu ähneln scheinen, erinnert wird. Hier sollte eine gewisse Wachsamkeit geübt werden, damit keine Vermischungen passieren und man sich mit der nötigen Unbefangenheit jedem Kind auf neue Weise zuwenden kann. Was in einer Fallbeschreibung vorgeschlagen wird, hat wirklich nur für den beschriebenen Fall seine Gültigkeit. Ähnliches *könnte* bei einem anderen Kind auch wirksam sein, ist es in der Regel aber eher selten. Jedes Kind, jeder Schüler trägt sein eigenes Rätsel in sich, das wir zu lösen haben.

Die folgenden Beispiele sind weitgehend anonymisiert, stammen aber alle aus der Praxis; eine Erkennbarkeit wird deswegen nicht möglich sein. Kommt einem eine Beschreibung bekannt vor, dann bezieht sich das auf die Charakterisierung des Kindes, nicht auf seine Person.

Marcel

Besuchte die Waldorfschule erst ab dem vierten Schuljahr, weil er in der Grundschule nicht mehr tragbar war. Er ist der Älteste von drei Brüdern. Marcel ist schlank, normal groß, macht einen drahtigen Eindruck, hat einen dunklen Teint, einen starken Hinterkopf, braune lebendige Augen, die nahe beieinander stehen, und einen großen, breiten Mund mit stark geschwungenen, fast wulstigen Lippen. Den Mund hat er gewöhnlich geöffnet, er lacht viel und hat eine tiefe, etwas raue Stimme. Marcel hatte schon einen Arm und ein Bein gebrochen, seine Bewegungen sind schnell und er hat dunkelbraunes, fast schwarzes Haar.

Schaut man auf seinen Körper, so hat er echte ‹Bubenbeine›: voller Schrammen, Beulen und kleiner Wunden. Er klettert gerne und viel in Bäumen herum, watet mit seinen Turnschuhen durch Bäche, baut Hütten, kurz: er ist ein echtes ‹Draußen-Kind›. Auf Bäume klettern und Handballspielen sind seine Lieblingsbeschäftigungen. Durch seine Eltern aber wird er sehr diszipliniert, die Familie legt Wert auf Lernen und guten Umgang.

Im Klassenzusammenhang ist er gut integriert, alle mögen ihn gerne, auch wenn er seinen Mitschülern manchmal richtig auf die Nerven geht. Obwohl er leicht Kontakte knüpft, hat er keinen echten (festen) Freund.

Im Unterricht ist Marcel der perfekte Provokateur: es gibt immer Nebenbeschäftigungen, die meist mit dem Unterricht nichts zu tun haben: Er lenkt sich und andere ab, wo er nur kann, negiert die Lehrer, und wenn er zur Rede gestellt wird, changiert er zwischen Wahrem und Unwahrem.

Er ist sehr intelligent, hat viel Vorwissen, Mathematik meistert er ohne Probleme. Die Rechtschreibung ist allerdings wackelig, aber die Formulierungen in den Aufsätzen sind reif und gut, fast seinem Alter voraus. Er kann nicht singen, d. h. er ‹brummt›, da er einen Ton nicht nachsingen und halten kann. Instrumentales Musizieren interessiert ihn nicht und Handarbeit kostet ihn viel Mühe; die ‹Produkte› sind daher nicht sehr erfreulich anzusehen. Er lebt ‹wie im Umkreis› und nicht bei sich. Alle schriftlichen Arbeiten sind äußerlich eine Zumutung, eine ‹schöne› Seite im Epochenheft ist noch in weiter Ferne. Aber er ist charmant und sein Benehmen, auch wenn es störend ist, ebenso. Still sitzen ist ihm unmöglich und trotzdem wird er als gefühlvoll und freundlich beschrieben. Zum Schluss sagt der Lehrer: ‹Er kriegt nicht in die Hände, was er im Kopf hat.› Er bittet um Ratschläge, wie er Marcels Verhalten etwas mehr in den Griff bekommen kann.

Es ist klar: man hat es mit einem sonnigen, sanguinischen Naturell zu tun, das bei allem, was es anstellt, immer noch gute Laune behält! Drahtig schlank, intelligent und beweglich, immer im Umkreis, wenig bei sich. Interessant ist, dass wohl eine starke Bewegungsbegabung vorhanden ist, aber immer in Verbindung mit seinen eigenen Spielplänen und nicht, wenn er etwas tun soll, das dem nicht entspricht, wie z. B. das Flöten. Dann ist ein (kleines) Problem vorhanden mit Bezug auf die seelischen Fähigkeiten. Ein Kind, das nicht singen kann, weil es den Ton nicht ‹findet›, hat in der Regel kein Problem mit den Ohren, wohl aber mit dem Hören.

Das ist wohl ein allgemeiner Gestus bei diesem ansonsten vollkommen gesunden und normalen Jungen: die Frage der Verinnerlichung. Das Temperament, die allgemeine Konstitution machen es ihm nicht leicht, etwas zu verinnerlichen. Trotzdem wird er als intelligent beschrieben, und es zeigen sich auch keine Lernprobleme. Das heißt, die intellektuelle Seite des Lernens (was ja auch eine Form der Verinnerlichung ist) funktioniert gut. (In der Regel sind ja die sanguinischen Kinder selten unbegabt.) Worauf es nun ankommt, ist, ihm zu helfen, irgendwie eine mehr seelische Verinnerlichung zustande zu bringen. Denn man will so einem herrlichen Jungen doch wohl das Ritalin ersparen!

Vorgeschlagen wird:
Erstens:
Jeden Tag wird auf einem Glockenspiel (Metallophon) ein Ton angeschlagen und zwar so, dass man nicht sieht, welcher Ton es ist. Ein zweites Metallophon steht etwas entfernt, und ein Schüler versucht, auf Anhieb den richtigen Ton zu finden. Bei diesem Spiel kommt unser Marcel natürlich auch regelmäßig an die Reihe. Aber die Schüler dürfen es auch in den Pausen versuchen. Es wäre zu beobachten, ob er allmählich lernt, zu hören und den richtigen Ton anzuschlagen. Zu prüfen wäre auch, ob der Erfolg des Hörens auch auf das Singen angewendet werden kann.

Zweitens:
Da Marcel erst im vierten Schuljahr in die Waldorfschule kam, wird empfohlen, einen Teil des Formenzeichnens nachzuholen. Und zwar in einem progressiven Lehrgang: einfach beginnen, dann schnell immer schwieriger, bis er die schwierigen Flechtmotive meistert. Dieses vier Wochen hintereinander und dann liegen lassen und sehen, wie er sich entwickelt.

Dieses soll am besten in einer abgesonderten Situation geschehen, vielleicht mit dem Förderlehrer.

Drittens:
In einem Sonderheft jeden Tag einen Satz so schön wie möglich zu schreiben versuchen. Nur einen Satz. Das sollte er zu Hause tun und morgens dem Lehrer zeigen. Für Lehrer wie Schüler eine Aufgabe! Sie ist in der Regel sehr wirksam.

Viertens:
Für den Lehrer: Auf (störendes) Verhalten so wenig wie möglich reagieren und wenn, dann ohne Frust und Geschimpfe, aber mit einer leichten, eventuell humorvollen Korrektur.

Nach zehn Wochen schauen, wie er sich entwickelt hat.

Bruno

Ist im vierten Schuljahr der Waldorfschule und hat zuvor auch den Kindergarten besucht. Er hat eine drei

Jahre ältere Schwester, die in allem anders ist als er. Die Mutter macht sich Sorgen um den Jungen, weil er so unbeteiligt ist und selten zeigt, ob ihm etwas Freude macht. Bruno ist eher klein, rundlich; ein wenig schwerfällig kommt er daher. Schaut wie von unten herauf, mit einem fragenden Blick: ‹Hast du mich auch gerne?› Auffallend ist der große Kopf mit welligem blondem Haar. Die Gliedmaßen sind dagegen wie unauffällig geraten. Merkwürdigerweise ist er kurzsichtig und trägt eine Brille. Mit den etwas kurzen Beinen hat er aber einen stämmigen Gang, und wenn er dann springt, ist er geschickter, als man vermutet. Legt er auf dem Pausenplatz los, dann rennt er auch gut und gerne drei andere Kinder um, ohne das zu bemerken. Er ist selten krank und hat einen ausgesprochen guten Appetit.

Er schläft früh und lang und ist am Morgen nicht leicht zu bewegen.

Am Morgenkreis oder rhythmischen Teil mag er sich nicht beteiligen, und so wie er andere Kinder umrennt, so kann er auch verbal über die Maßen verletzend sein gegenüber Mitschülern und Mitschülerinnen. Dabei hat er eine Mimik, die eigentlich nicht viel sagt; es ist, als wüsste er eigentlich nicht, was er alles von sich gibt. Da es in dieser Klasse üblich ist, dass die Zeugnissprüche auswendig gelernt und bei gegebenem Anlass aufgesagt werden, kommt auch er manchmal an die Reihe. Er weigert sich, den Spruch auswendig zu lernen, und wenn er ihm dann Zeile für Zeile vorgesagt wird, spricht er mit sichtbarem Widerwillen das Vorgesagte nach. Er spricht überhaupt nicht gerne, und einem Klassengespräch zu folgen oder sogar sich daran zu beteiligen liegt ihm fern. Die Klassenlehrerin nimmt bei ihm wenig Interesse an den Lehrgegenständen wahr und vermutet auch, dass er es schwer hat, sich z. B. Geschichten innerlich vorzustellen.

Das Einmaleins beherrscht er im Rhythmus dahersagend, aber nicht, wenn es abstrakt abgefragt wird: was ist 7 x 8? Er schreibt gerne ab, aber selber etwas zu schreiben ist für ihn schwierig und er schreibt dann vom Nachbarn ab. Beim Zeichnen ins Epochenheft ‹leiht› er sich die Motive ebenfalls beim Nachbarn. Wenn er einmal beschäftigt ist, macht er weiter, bis die Aufgabe erfüllt ist. Rechnen geht schwerfällig.

Im Spiel auf dem Pausenhof oder im Spielturnen zeigt er wenig spielerische Intelligenz und er beachtet die Spielregeln nicht. Wenn dann Probleme entstehen, ist er sich deren Ursprungs gar nicht bewusst. Die Lehrerin erlebt eine tiefe Unsicherheit und fragt, wie man ihn davon befreien und ihn ‹wecken› könnte. Im vorigen Schuljahr habe er Logopädie bekommen, das habe allerdings wenig oder nichts gebracht.

Wir sehen also einen etwas schwer geratenen Buben, sicherlich mit einem phlegmatischen Einschlag. ‹Schwer› will hier heißen, dass die Kräfte, welche leibbildend waren, ihre Aufgabe noch nicht abgegeben haben zugunsten der intellektuellen Betätigungen. Steiner schildert ja, wie Schulreife eigentlich heißt, dass die Kräfte, die leibbildend waren, umgewandelt werden zu Kräften, die nun zum Lernen gebraucht werden können. In der Sprache Steiners: Wachstumskräfte werden Seelenkräfte. Das ist der Umwandlungsvorgang bei der

Schulreife, die sich, im Gegensatz zu der landläufigen Meinung, ziemlich abrupt vollziehen kann. Dieser Prozess scheint bei Bruno etwas in Verzögerung geraten zu sein. Was mag da wohl die Ursache sein?

Wenn man den Vorgang bildhaft charakterisieren wollte, könnte man sagen, der Wärmepol dominiert den Lichtpol. Der Stoffwechsel behindert die Entfaltung der Intelligenz.

Nun kommt Bruno in ein Alter, wo er zu bemerken beginnt: die anderen sind anders, aber er kann sich nicht ergreifen, denn alles ist schwer, sowohl leiblich wie die Inhalte des Unterrichts betreffend, aber auch die Begegnung mit den Mitschülern. Und wenn man sich für nichts begeistern kann, wird die Schwere schwerer. Denn Begeisterung macht leicht.

Der Mensch braucht immer eine Balance zwischen Licht und Wärme. Man kann hier nur vermuten, dass die Ursachen im Bereich der vorgeburtlichen Entschlüsse oder Bedingungen liegen. Vielleicht ist es sogar ein wichtiges Motiv in seinem Werdegang, das zu finden, was ‹licht› macht. Denn alle Sozialfähigkeit später, aber auch schon jetzt, hängt davon ab. Die fehlende Sozialkompetenz liegt also nicht im Sozialen, sondern in der ungleichgewichtigen Konstitution zwischen oberem und unterem Pol.

Wie kann man da helfen?

Vorgeschlagen wird:
Erstens:
Den suchenden Blick, der um Bejahung fleht, sollte man beantworten durch ermutigenden Zuspruch. (Das ist

leichter gesagt als getan, denn diese Kinder sind nicht von selbst Sympathieträger.) Das Kind sollte Zuspruch nicht nur vom Klassenlehrer erfahren, sondern mit allen Kollegen sollte abgesprochen sein, dass man ihm wenigstens das bietet: Ermutigung.

Zweitens:
Wenn das Elternhaus mitmacht, ihn am Morgen früher wecken, als er mag, kalt und kurz duschen. Eher zu leicht als zu warm bekleiden, wenn das möglich ist. Akzeptieren, dass er den Morgenkreis nicht mitmacht, und anstelle davon fünf Minuten Kopfrechnen einsetzen, wo er immer auch drankommt (die Lehrerin kann ihn vertraulich darauf vorbereiten, indem sie ihm ankündigt, dass er immer aufgerufen wird). Im vierten Schuljahr das Singen im Kanon zum Anlass nehmen und jeden Morgen kurz singen, und zwar so, dass der zum Beispiel dreistimmige Kanon dann von drei mal zwei Stimmen zum Schluss gesungen wird, dann von nur drei Schülern. Dafür sorgen, dass Bruno oft dabei ist.

Drittens:
In einem separaten Heft jeden Tag zu Hause fünf Aufgaben aus dem Einmaleins lösen. Fünf Aufgaben sind gegeben, fünf muss er selber ‹erfinden› und lösen. Diese Aufgabe über Monate durchführen und immer schwieriger gestalten. Es ist auch für den Lehrer eine Aufgabe, hier durchzuhalten.

Wahrscheinlich wollen nach einiger Zeit auch andere Schüler solche Aufgaben haben. Wenn das geschieht, ist die höchste Wirksamkeit erreicht, denn dann wirkt eine von ihm erzeugte Begeisterung auf die Mitschüler und so zurück auf ihn. Die Atmosphäre wird ‹hell, licht›. Das ist das Geheimnis des angewandten Rechnens, das nicht wegen der Noten betrieben wird.

Viertens:
Irgendwann und irgendwie muss die Lehrerin ein Interessengebiet bei ihm ausfindig machen und für den Unterricht nutzen. Das kann unter Umständen dauern. Aber wer sucht, der findet. Wenn er sich für irgendein Gebiet interessiert und das geschickt im Unterricht ausgenutzt werden kann, kann er in zwei Monaten ein anderer Junge sein. Das neunte, zehnte Lebensjahr hat das in sich: aus geringen Anregungen große Veränderungen herbeizuführen.

Nach acht bis zehn Wochen schauen: Was haben wir Lehrer tatsächlich für den Jungen getan, was hat sich geändert?

Nathalie

Nathalie sahen wir fast am Ende des ersten Schuljahres, nachdem sie zwei Jahre im Kindergarten derselben Schule verbracht hatte. Schon von dort war ein Ruf ihr vorausgeeilt. Nathalie sieht reizend aus, fast wie eine kleine schwarzäugige Zigeunerin. Sie ist schlank, gewandt, hat lange schwarze Wimpern, langes schwarzes Haar, und es scheint, sie ist sich ihres Eindrucks bewusst, auch wenn sie gerade erst acht Jahre alt geworden ist. Sie hat im ersten Schuljahr einen kleinen Bruder bekommen. Ihre Eltern sind beide Künstler und haben es mit der Erziehung nicht leicht.

Sie isst normal, hat keine besonderen Wünsche, aber schläft schlecht ein, bleibt lange wach und leidet unter vielen Träumen und Albträumen. Sie wird dann schreiend und weinend wach, wobei die Eltern nicht wissen, ob sie wirklich ganz wach ist, denn auch das Schlafwandeln kommt bei ihr vor, zwar nicht regelmäßig, aber doch einige Male im Jahr. Nathalie war im Kindergarten ein liebes, zugängliches und anhängliches Mädchen, konnte aber im Handumdrehen namentlich die Mädchen so gegeneinander aufbringen, dass die Kindergärtnerinnen wie machtlos danebenstanden. Sie verteilte dann ihre Gunst nach Belieben, bestimmte, wer mit wem spielen und nicht spielen darf. So sprengte sie alle Zusammenhänge. Im ersten Schuljahr setzt sich das in den Pausen auf dem Hof fort. Es gab fast keine Pause mehr ohne ‹großes Drama›; nur wenn man sie im Klassenzimmer hielt, war Friede, was auf Dauer keine Lösung darstellte. Es geschah mehrmals, dass sie eine Stunde zu spät in die Schule kam, gebracht von ihrem Vater. Der Grund war ein Streit, welches Kleid angezogen werden sollte. Sie entwickelte in solchen Fällen einen Eigenwillen, der kaum zu bändigen war. Eine Folge für die Klassengemeinschaft war, dass die Kinder, die sich an einem Tag in ihrer Gunst befanden, sich am nächsten Tag plötzlich im anderen ‹Lager› wiederfinden konnten, wodurch die neue Klassengemeinschaft immer vor neuen Überraschungen stand.

Ansonsten ist Nathalie ein liebes Kind mit guten intellektuellen, vor allem aber auch künstlerischen Fähigkeiten. Ihr Umgang mit Farben, beim Zeichnen und Malen, die Ausgestaltung der schriftlichen Arbeiten, die Handschrift, alles zeigt Reife und Talent. Auch hatte sie sich angewöhnt, Barbiepuppen fast druckreif zu zeichnen, und zwar so, wie ein Comic-Zeichner das kann: immer dieselben stereotypen Haltungen und Gesten, aber immer in anderer Farbenpracht. Sehr gekonnt, allerdings ein wenig einseitig. Beim Geschichtenerzählen war sie wieder ein ‹kleines Mädchen›: Daumen im Mund und ganz vergessen und versunken in der Erzählung. Nathalie ist zierlich, geschickt mit den Händen, umgänglich und hilfsbereit. Wenn man sie im Klassenzimmer sieht, hält man das, was in den Pausen geschieht, nicht für möglich.

Die Klassenlehrerin aber bat um Hilfe wegen der problematischen Eigenart der Willensentfaltung.

Wir sahen also ein schönes Mädchen, in allem wie ein Ausdruck des Künstlerischen, und das schon am Ende des ersten Schuljahres! In ihren Bewegungen war etwas Manierliches, so wie es auf den Barbiezeichnungen auch zu sehen war: wie einstudiert vor dem Spiegel. Die Handschrift dagegen war kräftig und eigen, die Strickerei in der Handarbeit farbig, regelmäßig. Alles Lernen, sowohl beim Lesen wie Rechnen, ging spielerisch und wie ‹von selbst›. In der Eurythmie zeigte sich neben der Bewegungsbegabung auch eine Verinnerlichung der Bewegungen, also ein starker Ausdruck. Nathalie ist ein durch und durch gesundes Kind, mit vielen Begabungen, und es ist nicht ausgeschlossen, dass auch ein künstlerisches Talent sich entfalten wird.

Wo aber kommen diese merkwürdigen Wutanfälle bei der Kleiderauswahl her, wo diese komischen sozialen Spaltungen? Wenn man Nathalie in den Pausen beobachtet, dann sieht man, dass es gar nicht ihre Absicht ist, spaltend zu wirken. Sie verteilt die Rollen beim Spielen und schon ist das Unglück geschehen. Wenn der Tumult dann da ist, zieht sie sich nicht daraus zurück, sondern macht fleißig mit.

Was aber hängen blieb, war die Beobachtung: sie will die Spaltungen unter den Kindern gar nicht provozieren, etwas provoziert es in ihr.

Was bedeutet der Schlaf im Allgemeinen, was bedeutet er für ein Kind?

Die meisten Menschen werden die Erfahrung haben, dass eine Schlafstörung Folgen für das Befinden am Tage danach hat. Man ist nicht richtig da. Man fühlt sich nicht nur müde, sondern auch gereizt. Mütter mit schreienden Babys wissen, wovon die Rede ist. Starke Seelen vertragen das relativ gut und können energisch kompensieren, was empfindlicheren Naturen größere Schwierigkeiten macht. Könnte es sein, dass der Streit Nathalies mit ihren Eltern um das Kleidchen am Morgen eigentlich der Effekt des Schlafmangels ist? Eine Überforderung?

Könnte es sein, dass der Tag ihr ‹entgleitet› wie der gute Schlaf und in das Soziale Verhaltensweisen hineinschießen, die so gar nicht beabsichtigt sind, aber durch das starke Temperament eine Eigendynamik bekommen haben? Wer in der Nacht schlecht schläft, ist auch am Tag nicht ganz wach.

Und warum schläft Nathalie schlecht? Kann es sein, dass sie es mit ihrer ein wenig frühreifen Seele schwer hat, am Abend ‹abzuschalten›? Wirken die Eindrücke des Tages zu stark nach?

Müssten die Eindrücke für diese aufnahmefähige Seele dann nicht abgedämpft werden? Fragt man sich, ob sie den Eindruck macht, überreizt zu sein, muss man mit Ja und Nein antworten. Wir nehmen beides wahr. Bei der schulischen Arbeit und bei den Geschichten ist sie sicher nicht überreizt, sondern ganz bei sich. Im Spiel mit den anderen Kindern geht es weniger gut.

Vorgeschlagen wird:
Erstens:
Mit den Eltern ein anderes Schlafritual einführen. Ruhiger Abendverlauf, eine Geschichte erzählen, eine warme Milch mit Honig, dann noch ein kurzes Gespräch über alles Schöne am Tag: und dann zu Bett.

Zweitens:
Der Schularzt schlug warme Bauchwickel vor oder – wenn der Aufwand zu groß wäre – eine Wärmflasche auf den Bauch. Denn wenn dem Stoffwechsel ein wenig nachgeholfen wird, er ein kleines Extra bekommt – eine warme süße Milch und stärkere Wärmezufuhr –, wird es der Nerven-Sinnespol leichter haben, sich dem Stoffwechsel hinzugeben, das heißt in den Schlaf zu sinken.

Dann wurden die Eltern gebeten (die hierfür empfänglich waren, da sie an der Situation litten), zu beobachten und zu dokumentieren, ob die Schlafunterbrechungen seltener wurden. Und ob es einen Zusammenhang gäbe zwischen den allmorgendlichen Wutanfällen und der Qualität des Schlafes.

Drittens:
Wenn diese Maßnahmen nicht helfen, sollte die Schule Nathalie in den Pausen die Gelegenheit geben, im Schlafraum des Kindergartens ein Nickerchen zu machen, auch wenn sie dadurch zu spät in den nächsten Unterricht kommt.

Viertens:
Die Pausenaufsicht sollte sich sensibilisieren für diese Angelegenheit. (Daran zeigte sich auch, dass eigentlich die ganze Schule sich sensibilisieren müsste für die Aufgabe der Pausenaufsicht.)

Nach acht bis zehn Wochen schauen, was geschehen ist. Haben wir getan, was verabredet war, und wie hat es gewirkt?

In diesem Fall zeigte sich eine wahrhaft sensationelle Verbesserung: Ein gesunder Schlafmodus war, nach wenigen Wochen gefunden, Nathalies Probleme verschwanden ganz.

(Woraus wir wieder lernten: ein Problem ist *fast immer* ein Symptom, d. h. in diesem Fall, dass die sozialen Zerwürfnisse nichts über die Sozialfähigkeit des Kindes aussagen, sondern etwas über dessen Konstitution.)

John

John besucht die Waldorfschule von Anfang an und steht jetzt am Beginn des zwölften Schuljahres.

Er kommt aus einer bildungsnahen Familie, hat zwei jüngere Geschwister, und die Entscheidung steht an, ob er zum Abitur zugelassen werden soll.

John ist lang und dünn, hat glatte dunkelblonde Haare und hellblaue Augen. Die Gesichtsfarbe ist meist blass, die Gesichtszüge schmal wie sein Mund, den Kopf hält er ein wenig geneigt und er geht mit einem schlürfenden Schritt. Auf einem Stuhl sitzend, hält er diesen immer in Kipplage – balancierend, während er seine (dünnen) Beine um die Stuhlbeine flicht. Er kann den Stuhl auch auf einem Bein balancieren, wobei er blitzschnell einen 360-Grad-Schlenker machen und einen Moment lang jeden in der Klasse sehen kann. Seinen Schulalltag verbringt er meist mit irgendeinem ersonnenen oder mitgebrachten Spiel. Es kann aber auch geschehen, dass er – aus unbekanntem Anlass – plötzlich auf einen Schulkameraden eindrischt. Aber dies passiert eher selten.

Kontinuierlich ist seine schlechte Verbindung zum Lehrstoff im Allgemeinen. Er hat eine kleine, gut geformte Handschrift und er gilt allen als sehr intelligent.

In Mathematik ist er ausgezeichnet, in Latein ebenso, im Geschichtsunterricht (den er meistens nicht mitmacht) kann er mit einer Antwort den Punkt der Fragestellung genau treffen. Wenn ihn die Laune dazu treibt, kann er eine Unterrichtsstunde komplett ausfüllen mit ungefragten Einwürfen, die immer etwas (meist

Peinliches) genau treffen. Wie die Kollegen humorvoll sagen: er hat ein großes Talent für Unsinn. Immer aufgelegt zu etwas Skurrilem, einem Witz oder einer Absurdität. Außerdem sei er ein schneller Denker und zudem der ‹geborene Minimalist›: Seine Epochenhefte zeichnen sich durch gähnende Leere aus. Aber wenn er nach einem komplizierten Zusammenhang in der Physik gefragt wird, z. B. in einem Referat, macht er das aus dem Stegreif, ohne eine Notiz und immer brillant und richtig. Er braucht dazu keine Vorbereitungszeit.

Er wird als blitzwach charakterisiert, mit einer ausgeprägten Abscheu gegenüber allem Musischen. In der Eurythmie ist die Bewegung schwach und ohne Ausdruck, im Sport ist er dafür ausgezeichnet. Der Musiklehrer sagt, er hätte ihn noch nie singen hören, wohl aber singen gesehen: wie verschämt. Im Theater will er nur mitspielen, wenn die Aufführung garantiert nicht in die Ferien fällt. Er sieht die Lehrer selten an und ist ausgerechnet im Plastizieren und Bildhauen ein ausgezeichneter Schüler: alle Arbeiten zeichnen sich durch eine starke Expressivität aus. Dasselbe gilt fürs Zeichnen.

Die (große) Klasse trägt ihn in liebevoller Nachsicht mit: Eigentlich hat man ihn gerne, obwohl er durch seine Art in der Elternschaft (!) schon für Zerwürfnisse sorgte (‹der gehört rausgeworfen!›).

Und dann ist da noch etwas: er hat ein engelhaft schönes, fast mädchenhaftes Gesicht. (Mit dieser Bemerkung ist nichts anderes gemeint, als was sie aussagt.) Und er hilft seit Jahren einem Mitschüler, der nicht so begabt ist, treu bei seinen Hausaufgaben. Jeden Tag. Noch eine Besonderheit: er trinkt keinen Alkohol.

Die Frage der Lehrer: Seiner Intelligenz nach muss er natürlich das Abitur machen, aber es sind bedeutende Lücken entstanden. Was ist zu tun?

Wir sahen also einen großen, schlanken jungen Mann, der seine Beine auf dem Stuhl sitzend wie zusammengefaltet und gerne balancierend – nicht fest mit den Stuhlbeinen auf dem Boden stehend – den Schultag verbringt. Er wird wie geritten von seiner Intelligenz, ohne dass er eine echte Verbindung mit einer Sache angeht. Dazu die endlose Lust auf Spaß, Humor und Witze. (Man kann sich hier fragen: Was ist denn Humor oder Witz? Sie entstehen, wenn man sich nicht ganz mit einer Sache verbindet. Man bleibt ein Stück außerhalb, ein Zuschauer, einer, der dazwischen ist; das ist die Bedingung für den Humor. Humor kommt selten auf, wenn man vollständig in einer Sache aufgeht. Das Komische einer Situation wird dann sichtbar, wenn man sie sich von außen ansieht.)

Nun kann man den Eindruck haben, dieser junge Mann stehe in *allem* draußen. Er ist nicht geerdet, nicht mit den Dingen verbunden. Wer fast 18 Jahre alt ist und das Leben hat in den Gesichtszügen noch keine Spuren hinterlassen, der ist frei und noch nicht (wie Steiner das nannte) der ‹Erdenreife› hingegeben. (Und tatsächlich hatte niemand bei der Darstellung von Liebschaften berichtet.) Es gibt heute sehr viele Schüler, die durch die Zivilisationsbedingungen viel zu tief in die ‹Erdenreife› eintauchen, mit oft bedeutenden Problemen – auch moralischer Art. John aber ist eher zu ‹leicht›, man könnte auch sagen zu ‹ideell›.

Nun gibt Steiner folgende Unterscheidung: Er betrachtet die seelische Konfiguration so, dass sie entweder zu kosmisch oder zu irdisch ist. Das ist eigentlich der oben beschriebene Gegensatz. Wir sehen in der ganzen Gestalt, im ganzen Benehmen, in dem ganzen Nicht-Ausgestalten der intelligenten Fähigkeiten eine Orientierung nach «Oben», ins Nichts. Denn die Intelligenz, über die er verfügt, die *hat* er ja (sie ist also kein Verdienst), aber er hat noch nicht viel daraus *gemacht*.

Besonders interessant wird es da, wo Phänomene vorliegen, die nicht in das ganze Bild passen. Denn dort liegt oft des Rätsels Lösung: Woher kommt das für ihn scheinbar untypische Einsteigen in die Bildhauerei? Woher dieses echte, gekonnte Zeichentalent? Ist da das Bedürfnis, sich mit der Welt zu verbinden, befriedigt? Wir hörten auch, wie er sehr gute sportliche Leistungen bringt und mitmacht, obwohl seine Gestalt das nicht vermuten lässt.

Sind das seine Bezüge zur Welt? Und vielleicht der eine Freund, dem er regelmäßig hilft?

Könnte es sein, dass wir es hier mit einer sehr schönen, begabten Seele zu tun haben, die noch behindert oder verhindert ist, sich voll dem Leben zu stellen?

Was an ätherischer und seelischer (astralischer) Konfiguration vorliegt, ist durchaus reich. Aber der astralische Leib hat sich nach der Pubertät nicht so entfaltet, dass er Träger des Willens, des Ich werden konnte. Er ist in der Schwebe. Wie hilft man da?

Vorgeschlagen wird:
Erstens:
Er soll einen Mentor bekommen, der ihm den Willen des Kollegiums unterbreitet: Er *muss* Abitur machen (sozusagen als Therapie – was man ihm natürlich so nicht sagt). Ob das ein Fiasko wird, liegt an ihm, aber man will ihm gerne helfen und ihn unterstützen.

Der Mentor sollte jeden Freitag mit ihm retrospektiv die Woche durchgehen und schauen, was ihm gelungen ist und was nicht. Er wird ihm empfehlen und ihm dabei behilflich sein, *Bewusstsein in sein Dasein zu bringen* durch das Führen eines *Tagebuchs,* das eine Art Kontoführung sein sollte über das, was stimmig war in Bezug auf die gesetzten Aufgaben und was nicht. In welcher Stunde ist es gelungen, zuzuhören, mitzumachen?

(Es wurde an dieser Stelle der Einwand gemacht, man hätte hierzu keine Zeit. Worauf meine Erwiderung war: Wenn eine Schule nach Qualität strebt, dann hat dieses Argument keine Relevanz, denn es geht darum, echte Prioritäten zu setzen. Und dieser Fall hat Priorität. Man könnte auch sagen, die Schule hat viel zu lange gezögert, hier etwas zu tun.)

Zweitens:
Der Mentor wird John gegebenenfalls (wenn er es nicht selber übernehmen will) an den Deutschlehrer verweisen, der ihm *neben* den Schulaufgaben einige bedeutende *Biographien* empfehlen soll. Es wäre gut, wenn er über diese Lektüre eventuell Referate halten könnte. Biographien, in denen ein Mensch heftig vom Schicksal gebeutelt wird und schlussendlich doch seine Hin-

dernisse überwindet und siegt. Es wäre schön, wenn er das Lesen so einrichten könnte, dass darüber an den Freitagnachmittagen ein Gespräch entstehen kann. Der Mentor übt auf diese Weise gleichzeitig mit John das vertrauensvolle Gespräch. (Die Reihe der geeigneten Biographien ist schier unendlich. *Als wär's ein Stück von mir* (Carl Zuckmeyer), *Mein Leben* (Emil Nolde), *Geliebtes Sibirien* (Traugott von Stackelberg), *Three cups of tee* (Greg Mortenson), The glass Castle (Jeanette Walls) u. v. m.

Für eine gewisse Zeit ist ein stellvertretendes Ich für John zur Unterstützung notwendig, in der Form des Mentors. Das geht aber nur, wenn dieser den jungen Mann ganz ernst nimmt und ihn erkennen lässt, dass er mit ihm zusammen weiterkommen will.

Drittens:
Wenn John einsehen kann, dass ihm allen Ernstes geholfen werden soll, dann kann man ihm auch sagen, dass es bestimmte heileurythmische Übungen gibt, die ihm helfen werden, die Verbindung mit der Welt zu erschließen. Wenn er das sehen und das Vertrauen aufbringen kann, soll er die entsprechende Heileurythmie machen, die den oberen Astralleib an den unteren bindet. Letzterer wiederum befestigt die Verbindung mit den Lebenskräften.

Viertens:
Alle Oberstufenlehrer, die mit John zu tun haben, sollten sich vornehmen, ihn in ihrer Haltung zu unterstützen und nicht zu kritisieren. Es könnte sogar sein,

dass er daraufhin zu singen beginnt, denn singen bedeutet: Ich bin in der Mitte meiner Seele anwesend. Wer da nicht ist, mag auch nicht singen.

Das Oberstufenkollegium sollte sich alle sechs Wochen in der Konferenz fragen, wie es John geht. (Für das, was einen wirklich interessiert, hat man immer Zeit.)

Milan

Milan besucht das neunte Schuljahr einer großen Waldorfschule, seit er im dritten Schuljahr mit seinen Eltern aus Osteuropa kam. Er hat eine vier Jahre jüngere Schwester. Als Milan zwölf Jahre alt war, ging sein Vater zurück in die osteuropäische Heimat.

Milan ist ein stämmiges Bürschchen. Den kräftigen Muskeltonus sieht man ihm von Weitem an. Er war ein fröhlicher Lausbub, der durch viel Geschick der Lehrer das lernte, was gelernt werden musste – allerdings nicht viel mehr. Aber im Großen und Ganzen konnte man damit zufrieden sein. Da die Mutter früher selbst die Waldorfschule besucht hatte, schulte sie ihn dort ein, als sie wieder in Deutschland war. Er hat eine gute Gesundheit und war immer wohl gelitten und voller Ideale (er wollte Formel-1-Fahrer werden).

Der Weggang seines Vaters (den er abgöttisch liebte) hat Milans Leben verändert. Er kehrte sich in sich selbst, die Pflichtaufgaben der Schule (die er sowieso nicht sehr liebte) stellte er ganz ein. Im Unterricht begann er, sich abseits zu halten. Man meinte eine Weile, es sei das ‹normale› Präpubertätsverhalten, und man hatte viel Nachsicht mit ihm. Als die Mutter dem Druck nicht widerstehen konnte und ihm erlaubte, sich von seinem selbst verdienten Geld einen Computer mit Internetanschluss zu kaufen, verbrachte er immer mehr Zeit in seinem Zimmer, wo er das Ganze installiert hatte. Die Mutter musste hilflos zusehen, wie ihr der Kontakt zu Milan entglitt. Am Computer machte er die Nächte zum Tag und brauchte die Schulstunden, um den Schlaf nachzuholen. Dort versuchte man ihm durch Gespräche mit der Mutter und mit Heileurythmie zu helfen, aber sein Verhalten wurde immer düsterer. Er mied seine Klassenkameraden und begann, aggressiv zu werden, wenn man etwas von ihm wollte. Zudem äußerte er Sätze, die man als suizidal interpretieren konnte. Er wurde nur bedingt in die Oberstufe aufgenommen, wo schnell festgestellt wurde, dass er eigentlich in keinem Fach genügende Leistungen erbrachte.

So kam es, dass die Konferenz darüber nachdachte, sich von Milan zu trennen. In dieser Situation fand dann die Schülerbetrachtung statt.

Wir sahen einen etwas rundlichen Jungen mit gesunder, ein wenig fahler Hautfarbe. Ein Längenwachstumsschub hatte eingesetzt. Sein Gang ist betont schlacksig und ungelenk, es hat den Anschein, als ob er den Hosenboden zwischen den Knien hätte, und er geht zumeist allein. Er hat keine athletische, aber auch keine gedrungene Gestalt, eher etwas dazwischen. Der Haaransatz seines kurz geschnittenen, dunkelbraunen

Haares reicht auffallend tief in die Stirn. Zudem hat er kleine, ein wenig zerdrückt wirkende Ohren und einen kurzen Hals, kräftige Hände und eine Stimme im Stimmwechsel: manchmal hoch, manchmal tief. Photos von der Jugendzeit und bis zum sechsten Schuljahr zeigen einen fröhlichen Jungen mit offen stehendem Mund. Er litt häufig unter Erkältungen und um Mund und Nase war es immer feucht; ansonsten war Milan ein gesundes Kind.

Der Leistungsabfall hatte, laut Zeugnissen, im siebten Schuljahr begonnen und sich nicht wieder erholt. Jetzt waren die Leistungen so, dass nur noch im Sportunterricht etwas Positives zu berichten war. Kurz: das klassische Bild des Pubertierenden. Wenn da nicht über seiner Sprechweise, über seinem gesenkten Blick, über seinem Einsamsein irgendetwas läge, das mehr als nur pubertäres Verhalten war. Angesprochen auf sein Verhalten, reagiert er mit Sätzen wie: ‹Es macht doch keinen Sinn› oder ‹Wozu soll ich diesen Scheiß lernen?› oder ‹Ihr könnt mich mal›. Es schien, als wäre er ganz in seiner Innenwelt versunken und jede Störung von außen wäre ihm lästig. Sein Leitspruch lautete: ‹Lasst mich in Ruhe.›

Man konnte den Eindruck eines ganz in sich und in die Schwere versunkenen Jungen haben. Alles Gespräch, alles Gedankliche war ihm unendlich zuwider. Alles Lernen und alles Denken um des Denkens willen war ihm wie schmerzhaft. Dabei entwickelt er ein schnelles, reaktives Denken und Handeln beim Computerspielen. Diese Verhaltensgewohnheiten aber leiteten ihn, und er konnte sich ihnen hingeben, ohne dass sie ihm widersprachen oder etwas anderes von ihm forderten als immer denselben Ablauf.

Wenn Rudolf Steiner über das zu tiefe Aufgesogenwerden des Ich in den Leib hinein spricht, dann bemerkt er dazu auch, dass man das zuerst am Denken bemerken kann. Dieses richtet sich dann nur noch auf das Logisch-Materielle, auf das Eindimensionale: es wird flach und banal. Wenn die Erziehung dem nicht entgegenwirkt, wird das Geistig-Seelische (oder das Ich) wie Gefangener des Leibes. Das bedeutet, dass der Leib mit seinen Wünschen, seinem Verlangen und seinen Begierden das Geschehen bestimmt.

Nun wird man Jugendliche antreffen, die ganz anders gestrickt sind als unser Milan. Denen wird eine temporäre Spielsucht am Computer nicht viel anhaben. Dagegen kann das bei einem Jungen wie Milan gefährlich werden, da er in einer Situation ist (der Verlust des Vaters, eine überforderte Mutter, Einsamkeit, keine Freunde oder Hobbys), wo er der Spielsucht nichts entgegenzusetzen hat. In diesem Fall kann der Computer bedrohlich sein – wie die jüngste Geschichte demonstriert (Erfurt, Winnenden, Oslo, Amerika).

Wenn Milan im fünften Schuljahr wäre, würde man versuchen, durch künstlerisches Tätigwerden auf ihn zu wirken, im neunten Schuljahr aber geht das nicht mehr. Im Verlauf des Gespräches sagte der Klassenmentor, dass der Chemielehrer bei der Besprechung über Milan gemeint habe, dass er doch ein netter Schüler sei, der sicher auch Talente habe, man wisse nur nicht so recht, welche eigentlich?

Diese Äußerung wurde zum Anlass genommen, zu

überlegen, wann eine Chemieepoche für Milans Klasse fällig ist. Als das geklärt war, wurde der Chemielehrer gefragt, ob er eine Entwicklungskette in der Chemie als Experiment vorführen könne, sodass die chemischen Tatsachen und die dazugehörigen Gedanken, sodass Wirklichkeit gedanklich gefasst werden kann. (Stichwort: Wie kann sich aus Stärke Äther entwickeln, über den Prozess von Kartoffel, Zucker, Alkohol zum Äther und die dazugehörenden Nahrungs-, Genuss- und Betäubungsmittel?) Er wurde weiterhin gefragt, ob er das mit besonderer Rücksicht auf Milan machen und in der Epoche weitere Gedankenketten darstellen könne, die Metamorphosen und Transformationen im Experiment veranschaulichen und zur gedanklichen Verarbeitung anregen. Es war ein Glücksfall, dass der Kollege positiv und energisch für diese ‹geheime Mission› eintrat: etwas intentional für einen Schüler zu tun, das dem Ganzen der Klassengemeinschaft natürlich auch zugutekommen würde. Hier wurde durch den Unterrichtsstoff dem rein mechanisch-logischen Vorstellungsbilden durch den Computer nun eine Entwicklungsreihe chemischer Phänomene, die eine freie gedankliche Durchdringung erfordern, entgegengestellt.

Ergänzend dazu taten sich die Heileurythmistin und die pädagogische Eurythmistin zusammen. Sie fanden im Bereich der Toneurythmie für die pädagogische Eurythmie Themen, in denen Melodieketten aufsteigend geübt wurden, mit starken Wechseln zwischen Moll- und Dur-Tonarten. Die Heileurythmistin würde sich als Mentorin so intensiv wie möglich durch Interesse und Gespräche um Milan kümmern.

So waren wir mitten im zweiten Teil der Schülerbetrachtung schon voller Tatendrang und Ideen. Zugleich aber hatten wir realistische Befürchtungen: Würde es gelingen, Milan zu helfen? Würde es gelingen, ihn zu öffnen, für die Welt, für das Lernen, aber auch für seine eigene Entwicklung?

So nahmen wir uns mit dezidiertem Willensentschluss vor, ihm zu helfen. Wegen der Unsicherheit aber wurde verabredet, dass zeitnah über Erfolge und Misserfolge berichtet werden sollte.

Über die darauf folgende Zeit wurde dann wie von einem Wunder gesprochen. Nach der Schülerbetrachtung kam der junge Mann wie verwandelt in die Schule. Die Chemieepoche bewirkte genau das, was wir uns so sehnlich erhofft hatten. Durch den engagierten Lehrer entstand Kontakt zum Lehrer und zum Stoff. Nach der Epoche hielt diese Verbindung an. Die Mentorin half ihm, seine Aufgaben zu ordnen, die Mutter wurde informiert, dass ein Neuanfang gelungen war, und sein ganzes Sein und Verhalten änderten sich derart, dass man sagen musste: es ist ein Wunder geschehen. Wir hatten mit denkbar geringen Mitteln eine unabsehbar große Wirkung erzielt.

Jaimy

Jaimy ist ein magerer, kleiner, aufgeweckter blonder Junge, schnell in seinen Bewegungen, noch schneller mit seinem Mundwerk. Er ging bis zur Einschulung in einen katholischen Kindergarten, wo er aber Probleme hatte, weshalb die Eltern ihn dann an der Waldorfschule einschulten. Jaimys Eltern sind beide erfolgreiche Geschäftsleute. Als er vier Jahre alt war, kam ein Schwesterchen in die Familie.

Jaimy ist ein dünnes Kerlchen, sehr flink und beweglich. Er ist jetzt im dritten Schuljahr. Als er eingeschult wurde, hat er noch so stark nachts gebettnässt, dass er eine Windel tragen musste. Durch intensive Heileurythmie ist dieses Problem inzwischen gelöst. Er hat oft Schnupfen und auch Ohrenentzündung.

Jaimy ist auch beim Reden und Nachdenken sehr flink. ‹Nichtwahr, du hast jetzt keine Zeit für mich?› war eine Redewendung, mit der er Kontakt zum Lehrer suchte, oder auch: ‹Stimmts, Herr Empel, ich darf jetzt nicht mithelfen?› Wenn eine Geschichte erzählt wird, z. B. über Kain und Abel, kann es sein, dass er mitten in der Erzählung hereinruft: ‹Aber der liebe Gott sieht doch alles, wie kann das dann geschehen?› Er stellt hohe Ansprüche an sich selbst. Wenn eine Zeichnung oder ein Geschriebenes nicht diesen Ansprüchen genügt, ist er untröstlich. Der Lehrer braucht dann viel Phantasie, um ihn von seiner Trauer abzulenken, oder er muss ihm erlauben, das Ganze zu wiederholen. Damit sind allerdings schlechte Erfahrungen gemacht worden, weil natürlich auch die zweite oder die dritte Auflage einer Zeichnung immer noch nicht vollkommen ist. Merkwürdigerweise zeigt sich, dass Jaimy im rhythmischen Teil weder Rhythmus, Takt in den Füßen noch Takt im Klatschen finden kann. *Diese* Unfähigkeit aber scheint er nicht zu bemerken.

Jaimy hat keinen festen Freund in der Klasse. Er ist an sich wohlgelitten, aber die übrigen Kinder haben auch ein wenig Angst vor ihm und sind ihm gegenüber unsicher.

Dabei hat er ein außergewöhnliches manuelles Geschick, weswegen Handarbeit sein Lieblingsfach ist. Was er da leistet, ist tatsächlich über dem Durchschnitt. Er ist begabt sowohl fürs Rechnen wie fürs Lesen. Sehr merkwürdig ist sein Hang zu Extremen. Entweder ist er ganz träumerisch, steigt wie traumwandelnd in den Unterricht ein, oder er ist überwach. Dann kann er sehr stören, argumentiert mit dem Lehrer, beschimpft andere Kinder, schlägt, kratzt und ist ganz von Sinnen. Das Einzige, was in einer solchen Situation hilft, ist, ihn aus dem Klassenzimmer zu schicken und – wenn anwesend – zur Handarbeitslehrerin zu bringen, wo er sich dann schlagartig beruhigt. Eurythmie ist für ihn kaum auszuhalten: er schmeißt sich auf den Boden und bleibt liegen.

Der Klassenlehrer bittet um Hilfe, denn ihn immer rauszuschicken macht auf Dauer keinen Sinn.

Schaut man auf Jaimys Konstitution, dann ergibt sich Folgendes. Die Schulreife muss eingetreten sein, denn das Lernen und die Geschicklichkeit zeigen, dass der Teil des Ätherleibes, der dafür zuständig ist, mit der Einschulung seine Aufgabe richtig erfasst hat. Der Teil des Ätherleibes, der zusammen mit dem Astralleib die Leibesprozesse steuert, ist dagegen nicht ganz eingegliedert, was man am Bettnässen und an der Anfälligkeit für Schnupfen und Ohrenentzündungen sehen kann. Es zeigt sich eine Schwäche nach unten (die geheilt wurde) und eine Schwäche nach oben (die Anfälligkeit für Entzündungen: diese sind ja Stoffwechselprozesse am falschen Ort).

Diese relative Schwäche spiegelt sich in seinem Verhalten. Entweder er ist zu wach oder er ist zu ‹schläfrig›. Ist er zu wach, dann kann er diese Wachheit nicht halten, er verträgt sie nicht, denn sie verbindet sich nicht mit dem Stoffwechsel. Eine nicht gelungene Aufgabe wird aus seiner Sicht dann zum lebensbedrohenden Problem: Die Steigerung des zu Wachen wird sichtbar, das Kind gerät außer sich. (Hier haben wir wieder die Gelegenheit, solches Verhalten *nie* moralisch zu bewerten, denn man tut dem Kinde unrecht, auch wenn unsere Seelen gerne verurteilen möchten. Das Verhalten ist *nur Ausdruck* einer Situation, die es nicht meistern kann.) Schaut man sich Jaimys Gestalt an, dann kann man schon ahnen, dass diese auf ein Problem hinweisen könnte. Man sieht es daran, dass der Kopfmensch, seine Kopfigkeit, wenig Verbindung mit seinen Gliedern, mit dem Stoffwechsel hat. Die Folge einer solchen Konfiguration ist die Unfähigkeit solcher Kinder, ‹aus der Mitte zu leben›. Ihre Konstitution ist leicht polarisiert, daher auch ihr Verhalten.

An sich müsste das durch einen gesunden, qualitativ normalen Waldorfunterricht ins Lot gebracht werden können. Bei Jaimy erscheint es aber etwas zu einseitig. Er hat eine Konstitution, die heute an vielen Kindern wahrgenommen werden kann. Sie zeigt sich unter anderem auch darin, dass solche Kinder leichte Schwierigkeiten haben, ein normales Sozialleben aufzubauen.

Auch hier wieder: Man darf *nicht* sagen, sie seien sozial unfähig, sondern etwas behindert oder verhindert sie, sozial zu sein. Das macht einen großen Unterschied in der Haltung gegenüber den Kindern aus.

Nun aber hat Jaimy auch eine besondere Gabe, die vielleicht weiterhelfen kann: seine Geschicklichkeit. Manuelle Geschicklichkeit ist für ihn *der* Ausgleich, den er braucht.

Vorgeschlagen wird:
Erstens:
Wenn möglich soll er nach jeder Mahlzeit etwas Süßes essen. Der Bauch soll sich wohlfühlen; scharfe Kost ist weniger gut. Herrlich wäre zum Frühstück ein warmer süßer Brei. (Ob das zu Hause durchsetzbar ist, wurde im Gespräch nicht deutlich.)

Zweitens:
Die Damen im Kollegium haben es leichter mit ihm als die Herren. Dem Jungen fehlt vielleicht mütterliche Hülle. Kann der Klassenlehrer diese als Stimmung im Klassenzimmer verbreiten?

Drittens:
Der Klassenlehrer sollte immer im Klassenzimmer etwas bereitstehen haben, das die manuelle Geschicklichkeit beansprucht gemeinsam mit anderen Schülern. Zum Beispiel dürfen in der Pause einige Jungen im Klassenzimmer bleiben und aus Kaplahölzern einen möglichst hohen Turm bauen. Oder man kann mit der ganzen Klasse aus Papier Wunschschnäbel basteln (mit den

dazugehörigen Sprüchen), mit Fäden zwischen den Fingern einer Hand Formen herstellen (Tasse und Schüssel, den Eiffelturm etc.), einfach als Aktivität jeden Tag eine viertel Stunde. Dann bekommt Jaimy die Stellung in der Klasse, die ihm wohltut. Wenn er dann wieder etwas aus dem Ruder zu laufen droht, kann er eine für die Klasse zu schwierige, aber für ihn machbare Origami-Aufgabe mit den Fingern machen. Es wird ihn beruhigen, ohne dass er das Klassenzimmer verlassen muss.

Nach acht bis zehn Wochen schauen, was umgesetzt werden konnte und was gewirkt hat.

Deborah

Am Ende des ersten Schuljahres sahen wir ein kleines zierliches Mädchen. Sie ist in allem zierlich, beweglich, hellblondes Haar, schnell in den Bewegungen, aber auch zielsicher in allem, was sie macht.

Die Mutter schildert, dass sie während der Schwangerschaft viel mit ihr zu tun hatte, da sie nach dem sechsten Monat fast täglich im Mutterschoß trat und schubste bis hin zu schmerzhaften Tritten für das Empfinden der Mutter. Nach der Geburt gab es Ernährungs- und Stoffwechselprobleme, die jetzt behoben scheinen. Auch gab es und gibt es noch eine empfindliche Haut, was schnell zu Allergien der verschiedensten Art führte, eine Situation, die jetzt am Abflauen ist.

An ihrem ersten Geburtstag stand sie und begann zu gehen, lernte früh sprechen, mit anderthalb Jahren sprach sie in vollen Sätzen und argumentierte, wenn sie was haben wollte, mit zwei Jahren.

Sie ist die Zweitjüngste in der Klasse und hat inzwischen einen kleinen Bruder.

Wenn die Mutter sie morgens bringt, hört die Klassenlehrerin, wie sie der Mutter in Befehlston Anweisungen gibt, wie sie sich zu verhalten habe (keinen Abschiedskuss, den Ranzen so in die Hand, pünktlich abholen bitte), und keinen Abschiedsblick oder sonst was mehr. Sie besuchte den Kindergarten, der zur Schule gehört, nicht. Es wird berichtet, dass es da Schwierigkeiten gegeben habe.

Sie stürzt sich dann auf die Klassenlehrerin und umklammert ihre Beine, um sie von allein nicht mehr loszulassen. Wenn es mit vielem Zureden der Lehrerin gelingt, sich zu befreien, schiebt sie ihren Tisch und Stuhl bis ganz nah an den Tisch der Lehrerin hin, um sie den Rest des Tages nicht mehr aus dem Auge zu verlieren und sich wenn möglich (in den Pausen) wieder an sie zu klammern.

Die Lehrerin hat den ausgesprochenen Eindruck, dass dieses Verhalten mehr aus einem Kontrollbedürfnis entsteht als aus einem Ausgleich bei eventueller seelischer Verwahrlosung (die in dem Sinne auch nicht vorhanden zu sein scheint).

Deborah hat Schwierigkeiten im Sozialen. Mit anderen Kindern spielen kann sie nicht. Auch die Lehrerin oder Klassenkameraden anschauen vermeidet sie ganz. Sie hat lange schmale Hände und zierliche Finger, wo es nur geht, vermeidet sie es, irgendjemandem die Hand zu geben. Sie ist aber in ihrer Beweglichkeit sehr geschickt. So beherrscht sie als Beste das Seilspringen. Zwei gegeneinander gehende Seile sind ihr eine wahre Freude! Was man daran bemerkt, dass sie es endlos lange macht; sie wird eine Freude sonst nicht äußern.

Sie hat im ersten Schuljahr alles schnell gelernt, Lesen und Schreiben gehen ihr leicht von der Hand. Rechnen hat aber ihre Vorliebe, und sie bittet immer um schwierigere Rechenaufgaben in der Schule und für zu Hause. Sie malt und zeichnet gerne und phantasievoll. (So wie sie auch einen nur in der Phantasie bestehenden Spielkameraden hatte, der als ‹mein Freund Niemand› bezeichnet wurde.) Sie zeichnet sehr gerne. Es gibt aber Farben, die sie nicht mag, zum Beispiel gelb, und die Kreide mit dieser Farbe bricht sie entzwei und wirft sie weg. Beim Nass-in-Nass-Malen aber laufen alle Farben hoffnungslos durcheinander und es trieft ein Gemisch von Wasser und Farbe von ihrem Papier, etwas, was sie in helle Wut versetzt.

Sie spricht, wenn sie für sich ist, in einer unverständlichen Weise in sich selbst, wie zu sich sprechend. Wenn sie aber angesprochen wird oder in der Klasse etwas, was sie meint, erklären soll, ist die Sprache bedeutend besser. Dann hat sie auch keine Hemmungen, sich zu artikulieren, solange es im Allgemeinen gesagt ist. Streitgespräche mit anderen Kindern kommen vor, normale Gespräche nicht, denn sie kommuniziert mit ihren Klassenkameraden nicht. Sie liebt das Stricken, hat mit großer Freude Klavierunterricht und hat, laut Mutter, einen gesunden Schlaf. Da die Eltern Emigranten sind, wird sie zweisprachig erzogen.

Wenn sie am Nachmittag wieder abgeholt wird, verlässt sie die Schule ohne Kommentar oder Gruß, befiehlt ihre Mutter ins Auto und geht.

Es gibt Kinderbetrachtungen, wo man nach dem ersten Teil in Sprachlosigkeit verharrt.

Etwas, was mehr oder weniger bei jeder Betrachtung der Fall ist, ist hier evident; man weiß nicht weiter. Man steht vor dem Nichts. Hilflosigkeit macht sich breit. Was soll man denn machen? Wo nimmt man die Ideen her, ein solches Menschenkind zu verstehen und zu helfen?

Man kann nicht genug betonen, wie wichtig diese ‹Hilflosigkeit› ist, dieses Nicht-weiter-Wissen.

Es ist das enge schmerzvolle Tor zur Inspiration. Aber man muss das aushalten. Sicherheiten gibt es da nicht. Man muss lernen, in dieser Arbeit vor dem Nichts zu stehen und das auszuhalten. Es auszuhalten, dass die Antworten, des Rätsels Lösung nicht durch eine Prozedur zu erhalten sind.

Daher braucht es auch einen gewissen Mut, sich dieser Arbeit hinzugeben und nicht zu verzweifeln, wenn Unsicherheit erst einmal die überwiegende Empfindung ist.

Wenn diese Unsicherheit nicht vertragen wird, greift man zu einem System, einem Leitfaden, der einen wie von selbst zu etwas hinführt. Das ist die eine Möglichkeit.

Die andere ist, man hört sich die Schilderung an und kapituliert. Das heißt, man belässt es bei der Schilderung. Wir aber versuchen die Quadratur der Kreises: einen Weg finden im weglosen Gelände.

Lassen wir die Schilderung dieses zartgliedrigen Mädchens auf uns wirken. Was regt sich in uns?

Einerseits die Freude an dem kräftigen furchtlosen Zugehen auf die Welt im Lernen; die schnelle Auffassung, die Freude am Stricken, am Seilspringen, an dem Hunger nach Rechnen.

Auf der anderen Seite spürt man eine leichte Beklemmung. Wie viel Takt hat die Lehrerin schon darauf verwendet, das Mädchen nicht an sich hängen zu haben, wenn sie zum Beispiel in der Pause mit einer Kollegin spricht. Und es drängt sich förmlich eine entscheidende Frage auf: ist dieses Umklammern der Lehrerin Bedürfnis nach seelischer Wärme oder ist es die Angst, sich mit der Welt und den Mitmenschen zu verbinden? Wir empfanden diese Frage als die entscheidende.

Denn die Antwort heißt, wir haben einen Fall vor uns von seelischer Verwahrlosung (von denen es ja bekanntlich versteckt und verborgen unendlich viele gibt) oder ein Bild aus dem Bereich des Autismus.

Wir hörten über die Stoffwechselstörungen und Allergie-Anfälligkeit im Kleinkindalter.

In der Autismus-Forschung ist man auf ganz merkwürdige Unstimmigkeiten gestoßen mit Bezug auf den Stoffwechsel. Wir können darauf hier nicht weiter eingehen, man möge sich anderweitig orientieren.

Fragen der Allergie, Hautfragen, was sind das? Man vergisst leicht, dass die Haut auch ein Organ ist, das größte am Menschen. Es hat die außergewöhnliche Doppelfunktion von Abgrenzung, Schutz und zugleich Atmen. Es ist wie ein physischer Ausdruck unseres Verhältnisses von uns selbst zur Welt.

Wir hörten aber auch, dass diese Probleme am Abklingen waren ohne medizinische Intervention.

Auch lebte in uns die Scheu, jetzt nach dem ersten Schuljahr mit großem Geschütz aufzufahren. Lieber würden wir die Klassenlehrerin bestätigen in ihrem nicht ganz leichten Weg, das Mädchen zu ihren Klassenkameraden zu führen. Alle aber empfanden, dass ein großes Rätsel anscheinend waltet im Verhältnis der Mutter zu ihrer Tochter.

Nun war da eine glückliche Situation, dass diese Schule über einen Eurythmietherapeuten verfügte. Er regte an, drei Konsonanten zu üben über eine gewisse Zeit und das eventuell später noch einmal zu wiederholen, gut beobachtend, was es bringen würde. Er empfahl (und wollte es selber gerne machen) G, L und M.

Das G, das inneren Freiraum schafft und die Welt Welt sein lässt. Das L, das Oben mit Unten verbindet, das Prozesse in Gang setzt, Verhärtungen löst, Fließendes bewirkt. Schlussendlich das M, was macht, dass ich der Welt begegnen, sie verinnerlichen kann, was macht, dass ich in der Welt und dass die Welt in mir sein kann.

Mit dem Vorsatz, das im Anfange des zweiten Schuljahres zu machen, verblieb die Besprechung. Wir wollten es der Klassenlehrerin ganz überlassen, ob sie eine Möglichkeit finden würde, mit der Mutter in ein Gespräch über Deborah zu kommen. Wir empfanden alle, dass Takt gerade in diesem Verhältnis zwischen Mutter und Tochter am Platze ist. Im Herbst wollte man sich wieder beraten zur Frage, wie die Entwicklung nach der Eurythmietherapie und die Arbeit der Klassenlehrerin fortgeschritten sei.

Anmerkungen

1 Konferenzen, GA 300c, Konferenz vom 15. Juli 1924.
2 GA 293.
3 GA 300a, Konferenz vom 26. September 1919.
4 GA 300a, Konferenz vom 23. September 1920.
5 GA 300b, Konferenz vom 20. Juni 1922.
6 GA 300c, Konferenz vom 15. Juli 1924.
7 J.W. Goethe, Naturwissenschaftliche Schriften Band 5, Seite 563, R. Steiner Verlag.
8 R. Steiner, Die Weihnachtstagung zur Begründung der Allgemeinen Anthroposophischen Gesellschaft, GA 260.
9 GA 300c, Konferenz vom 5. Februar 1924.
10 Ansprache Rudolf Steiners am 20. August 1919, nach einer Rekonstruktion von Erich Gabert in ‹Zur Vertiefung der Waldorfpädagogik›, Verlag am Goetheanum.
11 GA 300b, Konferenz vom 28. Oktober 1922.
12 Siehe 3.
13 GA 300c, Konferenz vom 18. Dezember 1923.
14 Siehe Abschiedsbrief, in: Zur Vertiefung der Waldorfpädagogik, 2008, Dornach, Pädagogische Sektion.
15 Der pädagogische Wert der Menschenerkenntnis und der Kulturwert der Pädagogik, GA 310, 5. Vortrag, Arnheim, 21. Juli 1924.
16 Siehe Konferenzen mit Rudolf Steiner, GA 300a, 14. Juni 1920.
17 Allgemeine Menschenkunde, GA 293, 1. Vortrag, Stuttgart, 20. August 1919.

18 Von der verheerenden Wirkung der Spezialisierung in der Schule siehe: Geisteswissenschaftliche Behandlung sozialer und pädagogischer Fragen, GA 192, 2. Vortrag, Stuttgart, 23. April 1919. Mit Bezug auf den Lehrer selbst in der Frage der Spezialisierung: der Lehrer ist immer an erster Stelle Pädagoge und dann erst Kenner seines Faches, siehe: Der pädagogische Wert der Menschenerkenntnis und der Kulturwert der Pädagogik, GA 310, 5. Vortrag, Arnheim, 21. Juli 1924.

19 Siehe Karl-Martin Dietz: Arbeiten zur dialogischen Schulführung. Leben im Dialog, Perspektiven einer neuen Kultur, Menon, 2004.

20 GA 395, Seminarbesprechungen, 1. Vortrag.

21 GA 300a, Konferenz vom 9. Juni 1920.

22 Obwohl die Temperamente in der Anwendung heute weniger praktiziert werden, gibt es doch eine beachtliche Sekundärliteratur zum Entstehen und zur Wirkung der Temperamente.

23 Im Besonderen soll hier auf zwei Darstellungen Steiners hingewiesen werden, die, wenn sie miteinander verglichen werden, noch eine besondere Herausforderung darstellen. In dem ergreifenden Abschiedszyklus in Stuttgart (Die Methodik des Lehrens und die Lebensbedingungen des Erziehens, GA 308) schildert Steiner die Spätwirkungen des über lange Zeit Ausgesetztseins eines einseitigen Temperamentes. Sofort nach diesen Vorträgen reist er nach Bern und bespricht da auch dieses Thema (Anthroposophische Pädagogik und ihre Voraussetzungen, GA 309). In Stuttgart ordnet er die Spätwirkungen einer einseitigen Temperamentsbelastung über längere Zeit im Kindesalter durch ein cholerisches Temperament den möglichen Stoffwechselerkrankungen zu, in Bern den Zirkulationsstörungen.

24 Gemeint ist hier die ausführliche Darstellung über hygie-

nische Aspekte (also auch Gesundheitsfragen) der Erziehungskunst. Für die Pädagogik eine Art Schlüsselstelle für das Verständnis, wie pädagogisches Handeln auf die allgemeine Gesundheit der Schüler einwirkt. In dem Zusammenhang und nur da wird der Gesichtspunkt Groß- und Kleinköpfigkeit erwähnt. GA 300 b, Konferenz vom 6. Februar 1923.

25 Ebenda.

26 R. Steiner, Allgemeine Menschenkunde, GA 293, 6. Vortrag, Stuttgart, 27. August 1919.
Dieses Bild ist für die Kinderbetrachtung von Bedeutung. Denn bei jeder Kinderbetrachtung kommt der Moment des ‹Nicht-mehr-Wissens›, des Nicht-mehr-weiter-Kommens. Man steht vor dem Nichts. Da wir sehr darauf programmiert sind, solche Momente zu vermeiden, haben wir in uns einen Mechanismus, der diese Begegnungen im Stehen vor dem Nichts verdrängt. Und doch sind diese die allerwichtigsten. Denn nur durch das Aushalten des Nicht-Wissens, des Nicht-Weiterkönnens findet man das Tor zur Inspiration, eventuell sogar zur Intuition. Es ist wie eine Geburt: großer Schmerz staut sich, wer das aushält, schafft eine neue Qualität, ein neues innerlich gesichertes Wissen. In dem letzten Fallbeispiel wird hierauf zurückgekommen.

27 Otto Scharmer, Theorie U. Von der Zukunft her führen. Carl Auer Verlag, Heidelberg 2009.

28 R. Steiner, Methodisch-Didaktisches, GA 294, 1. Vortrag, Stuttgart, 21. August 1919.

29 Das heißt, wenn alle Entwicklungsabweichungen, die schlussendlich eine normale Entwicklung ergeben, zusammengefasst werden, sind 96% aller kindlichen Entwicklungen als normal zu betrachten. In Prof. Dr. H.G. Schlack (Hg.): Entwicklungspädiatrie, Hans Marseille Verlag, München 2004.

30 KIGGS, diese Erhebung hat jetzt eine Fortsetzung erfahren bei einer Untersuchungswelle von 2009 bis 2012, die diese Befunde weiter differenziert. Siehe im Internet bei Robert Koch Institut (RKI).

31 Man muss bedenken, dass ein Trend besonders in Deutschland in den letzten Jahren stark zunimmt: Privatschulen (vornehmlich also die Waldorfschulen) werden ein Auffangbecken für die Schüler, die das staatliche Bildungssystem nicht vertragen. Dadurch relativiert sich die Bemerkung der ‹gesunden Waldorfpopulation›.

32 Allgemeine Menschenkunde, 4. Vortrag, GA 293.

33 Ebenda.

34 GA 293.

35 Allgemeine Menschenkunde, 2. Vortrag, «... die Vorstellung, das Bild ist unterreal, der Willenskeim überreal.»

36 Allgemeine Menschenkunde, 4. Vortrag.

37 Meditativ erarbeitete Menschenkunde, GA 302a.

38 Gegenwärtiges Geistesleben und Erziehung, GA 307, 10. Vortrag, Ilkley, 14. August 1923.

39 Allgemeine Menschenkunde, 1. Vortrag, GA 293.

40 Siehe «Gegenwärtiges Geistesleben und Erziehung», Vortrag vom 13. und 14. August 1923, GA 307.

41 Diese Arbeitsweise ist auch bekannt als sogenannter «Dreischritt», in: «Menschenerkenntnis und Unterrichtsgestaltung», GA 302, 3. Vortrag, Stuttgart, 1921.

42 «Menschenerkenntnis und Unterrichtsgestaltung», GA 302, 3. Vortrag: der sogenannte «Ergänzungskurs».

43 GA 307, Ilkley, 14. August 1923.

44 Gegenwärtiges Geistesleben und Erziehung, GA 307, 10. Vortrag, Ilkley, 14. August 1923.

45 Allgemeine Menschenkunde, GA 293, 11. Vortrag, Stuttgart, 2. September 1919.

46 GA 300b, Konferenz vom 6. Februar 1923.

47 Ebenda.

48 «Menschenerkenntnis und Unterrichtsgestaltung», GA 302, 4. Vortrag, 15. Juni 1921, Stuttgart.

49 GA 302, 2. Vortrag vom 13. Juni 1921.

Christof Wiechert

Die Waldorfschule

Eine Einführung

Was ist die Besonderheit der Waldorf- oder Rudolf Steiner-Schulen? Was ist ihre pädagogische Intention innerhalb der vielfältigen Bildungslandschaften? Jeder kennt sie, aber nur wenige verstehen sie tatsächlich. Waldorfschulen praktizieren eine Unterrichtsmethode, die für eine Erneuerung des heutigen Bildungswesens wegweisend sein könnte. Wer sich auf ihr besonderes Bildungsangebot einlässt, wird begeisternde Motive für Erziehung und Bildung entdecken. In diesem Buch werden das spezifische Bildungsanliegen der Waldorfschule sowie die aktuellen Herausforderungen, vor denen sie heute steht, im Sinne einer Einführung allgemein verständlich beschrieben. Es ist für Eltern, (neue) Lehrer und sonstige Interessierte gedacht, die das Phänomen Waldorf-/Rudolf Steiner-Schule verstehen möchten, ohne sich dafür einen theoretischen Überbau aneignen zu müssen.

128 Seiten, kartoniert, ISBN 978-3-7235-1489-4

Verlag am Goetheanum

Christof Wiechert

Lust aufs Lehrersein?!

Eine Ermutigung
zum (Waldorf)Lehrerberuf

In diesem Buch wird die Waldorfpädagogik als eine Pädagogik der offenen Türen dargestellt; keine Lehre, kein «Man muss» oder «So ist es», sondern, als ein nachvollziehbares Eingehen auf die praktischen und innerlichen Seiten des Schullebens: leicht und gleichsam tiefsinnig. Wiecherts Betrachtungen gleichen einer Beobachtungsreise. Wir wandern durch zahlreiche pädagogische und soziale Situationen, gehen durch Klassenzimmer, Elternabende, Schülerbesprechungen, Konferenzen und Probleme des Schullebens. Überall sind Anregungen zur Selbstreflexion und Ansätze für neue Perspektiven zu finden. Der Stil entspricht dem Inhalt; über die Erziehungskunst wird nicht nur gesprochen, sondern diese wird auch praktiziert. Am Ende der Reise fühlt man sich gestärkt, reicher, und die Lust, mit neuem Griff zu unterrichten, wird fast unerträglich. (Aus dem Vorwort von Robert Thomas)

192 Seiten, kartoniert, ISBN 978-3-7235-1389-7

Verlag am Goetheanum

Claus-Peter Röh | Robert Thomas (Hg.)

Unterricht gestalten

im 1. bis 8. Schuljahr der Waldorf-/Rudolf Steiner-Schulen

Das Buch ist als Unterstützung für Klassenlehrerinnen und Klassenlehrer im schöpferischen Umgang mit dem Waldorfschul-Lehrplan gedacht. Eine Fülle von Anregungen dient als Inspirationsquelle der Unterrichtsgestaltung: Arbeitshilfen für den Hauptunterricht werden mit einem Überblick über den Fachunterricht und mit zahlreichen Anregungen zur Klassenführung und zur Elternarbeit verknüpft. Wenn diese Hinweise und Erfahrungen die Entwicklung des Kindes berücksichtigen und im Klassenzimmer in ein lebendiges Ganzes gebracht werden, beginnt der Lehrplan fruchtbar zu werden. In Resonanz zur Situation des Kindes und der Schule kann Neues entstehen, das den Lehrer zu einem forschenden Lehren und Lernen befähigt.

300 Seiten, kartoniert, ISBN 978-3-7235-1537-2

Verlag am Goetheanum

PETER SELG

«Eine grandiose Metamorphose»

Zur geisteswissenschaftlichen Anthropologie und Pädagogik des Jugendalters

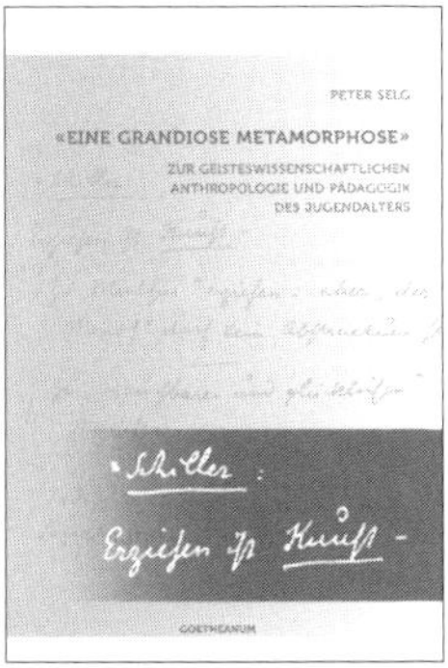

«Es handelt sich darum, die ganze Jugend-Pädagogik und die ganze Jugend-Didaktik in ein elementares Gefühl zusammenzufassen, so dass Sie [als Erzieher] gewissermaßen in Ihrer Seele die ganze Schwere und Wucht der Aufgabe empfinden: Menschen hineinzustellen in diese Welt. Ohne das wird unsere Waldorfschule nur eine Phrase bleiben. Wir werden alles Schöne sagen über die Waldorfschule, aber wir werden auf einem durchlöcherten Boden stehen, bis solche Löcher so groß werden, dass wir keinen Boden mehr haben, auf dem wir herumgehen können. Wir müssen die Sache innerlich wahrmachen.» (Rudolf Steiner, 17. 6. 1921)

144 Seiten, kartoniert, ISBN 978-3-7235-1433-7

VERLAG AM GOETHEANUM